# 一读就上瘾的夏商周史

潇水 著

台海出版社

**图书在版编目（CIP）数据**

一读就上瘾的夏商周史 / 潇水著 . —— 北京：台海
出版社，2021.2（2023.6重印）

ISBN 978-7-5168-2853-3

Ⅰ.①一… Ⅱ.①潇… Ⅲ.①中国—古代史—三代时
期—通俗读物 Ⅳ.① K221.09

中国版本图书馆 CIP 数据核字（2020）第 248757 号

## 一读就上瘾的夏商周史

| | | |
|---|---|---|
| 著　　　者：潇　水 | | |
| 出 版 人：蔡　旭 | 封面设计：仙境设计 | |
| 责任编辑：王　萍 | | |

出版发行：台海出版社

地　　　址：北京市东城区景山东街 20 号　　邮政编码：100009

电　　　话：010-64041652（发行，邮购）

传　　　真：010-84045799（总编室）

网　　　址：www.taimeng.org.cn/thcbs/default.htm

E-mail：thcbs@126.com

经　　　销：全国各地新华书店

印　　　刷：三河市兴达印务有限公司

本书如有破损、缺页、装订错误，请与本社联系调换

开　　　本：710 毫米×1000 毫米　　　1/16

字　　　数：190 千字　　　　　　　　印　张：14

版　　　次：2021 年 2 月第 1 版　　　印　次：2023 年 6 月第 2 次印刷

书　　　号：ISBN 978-7-5168-2853-3

定　　　价：52.00 元

# 序言

## 人类之初

46亿年前的地球，整个是一炽热的球，红彤彤的，就像核爆炸时的样子。后来它慢慢凉下来，变得死寂而光秃秃，像一堆核废料。慢慢到了六亿年前，海洋里才慢吞吞冒出生命，很多菌藻，东一块西一块，五颜六色地浮在海面上。三亿年前的时候，陆地上边，开始冒出森林。

到了两亿年前，英姿飒爽的大恐龙，拖着长尾巴，统治起了这个星球。这些披鳞附甲的大家伙却被臭氧层的空洞或者小行星的撞击给害苦了，混了一亿多年就绝了迹。恐龙死后出现了一段世无英雄的日子：动物们都是小个子，鸟开始在天上飞，世界不痛不痒，像没有情节的老的无声电影。一直又挨了几千万年，到了距今300万年前，电影眼看就要结束的时候，人类作为世界的主宰，才罗锅着腰、弯着腿，出现在地球上。

最早的人类，是一位叫"露西（Lucy）"的女士，她身高一米左右，生活在300万年前的非洲，具体是在埃塞俄比亚中部。"露西"是考古学家给她起的名字，当时他们正在边清理边听歌，唱的正是"Lucy"什么的，于是就管这位最早被发现的祖先叫"露西"了。

这位人类的祖奶奶"露西"并不是孤独的，因为在50万年后，她有了一批邻居。这帮邻居男女老幼都有，合计12人，游荡在肯尼亚地区，如今变成好几百块散碎的骨头，被考古学者挖了出来。此外，还有一些落单的"前辈"，独自游荡在非洲，他们被挖掘出来的骨骼都不全，东一块西一块，丢散在非洲大陆上。

这些300万年前最早的人类代表，浪迹江湖，埋骨非洲，开启了旧石器时代的曙光。于是人们有理由暂时相信，非洲是地球人的故乡。

而我们中国这里，只挖到了两颗人牙，算是最早的了（生活在170万年前，也有人认为是70万年前），地点在云南元谋县。这两颗人牙的主人，不但会使用打制的石器，还会用火烤肉骨头，从牙齿上判断，他已经能直立行走了。总之，这个相貌堂堂、大脑发达的吃烤肉的家伙，终于被时间的风吹得无影无踪，如今只剩下了两颗门牙，被放在博物馆里。

接着，在湖北郧西县的神雾岭白龙洞也发现了好几颗古老的人牙化石，以及一些哺乳动物化石。不知道是动物吃了他，还是他吃了动物。

再接着，陕西省的蓝田县，找到了另一位前辈。这位前辈大号"蓝田人"，生活在距今五六十万年前。他独自一人游荡在陕西，跟三门马、大熊猫、东方剑齿象、剑齿虎、中国獏等可爱而古怪的动物生活在一起。在众野兽的眼中，他的形象绝对另类。可能是他太另类了，常被野兽咬，导致身体零件不断散落，最后只剩下了一小块头盖骨和三颗牙齿，如今收集在博物馆里。

50万年前的北京周口店人，则一共有40多口子，上百块骨头。男的身高平均1.62米，女的1.52米。他们用火和棒子武装自己，跟这山洞的原住民——一群凶猛的鬣狗，进行了长达数万年的争夺居住权的战斗。后来洪水淹没了这帮北京人的山洞。距今两万年前的山顶洞人则幸免于难。

山顶洞人一共发现了八个。这八个人最大的特色是臭美，喜欢拿动物骨头做成的针来缝制衣服，用的线则是动物韧带和葛麻纤维，衣料是鹿、狐狸、野兔、羚羊的皮。他们的耳朵上戴着黄绿石耳坠，脑袋上插着鸟的骨头、鱼的骨头、石头珠子，脖子上还挂着海贝。海贝是从远处的海边弄来的，稀奇难得，穿成一串，挂在手腕上。他们还使用了坟墓，这也是一种创举，时间是两万年前。他们的脑容量已经跟现代人一样了，难怪这样懂得臭美。

上述这些可爱的古人，他们使用过石斧和削尖了的木棒，发现了火种，豢养大羊和小狗，但是不会种粮食，逍遥于单纯而美好的旧石器时代。他们还发明了伟大绝伦的弓箭①。他们用兽皮制作衣服，有爱美之心，但还没有文字，高高兴兴地活过了20岁出头（平均寿命）。

接着，距今一万年前，陶器出现了，磨制的石器出现了，后世所谓的新石器时代开始了，文明的曙光冒出地平线。

---

① 最早的弓箭出土于山西省朔县峙峪村，2.8万年前。

# 目 录 | Contents

## 上篇

## 五 ｜ 商朝：刻在甲骨上的文明

## 六　|　西周：氏族宗法的文明

上篇

# 一

三皇神迹：
人类的起源和发展

# 远古生存指南

一万年前的新石器时代，中国乃至世界，是什么样的呢？首先说，人的数量还是没有大野兽多。在黄河中游，你随处可以看见巨型野兽在漫游，好多属于热带品种：披毛犀、板齿犀、三趾马、剑齿象、纳玛象、平额象，以及李氏野猪、双叉麋鹿、中国野牛、步氏羚羊。它们在山西、陕西、河南一带陪伴着我们的祖先。我们的祖先在吃它们肉的同时，还喜欢砸开它们的脑壳和骨头，吸食当中的骨髓，并且把砸坏了的动物骨头，做成骨针、吸管、鱼钩、勺子、笛子、纺织的梭子等。

说实在的，砸击这个动作，是祖先们掌握的第一个有意义的动作。比砸击更落后的是摔击，如果摔不好，摔出来的东西什么都不是，那是大猩猩才干的笨事。而砸击的程序则高明得多：把石头A垫在下边，上放需要处理的石头B，手执石头C，对石头B进行无情砸击，石头B慢慢崩裂，最终按照祖先的需求被锻炼成石器产品，有刮削器、砍砸器、手斧、尖状器等。这种砸击而成的石器叫旧石器。

到了一万年前的新石器时代，比砸击更有意义的动作被掌握了，那就是磨——把细砂撒在水里，放在砸击后的石器表面，使劲地磨，把石器磨得平整、光滑，刃部锋利异常。砍东西的时候，一砍一个印儿，减少阻力。于是出现了石刀、石铲、石锄、石镰、石斧，这就给砍树、种庄稼创造了前提。这种磨制的石器就叫新石器。

第三个有意义的动作是烧。河北省保定市徐水区南庄头，发现了中国最早的12块陶片，是一万年前的。而北京怀柔、江西万年仙人洞、湖南道县玉蟾岩、广西桂林甑皮岩、广西柳州鲤鱼嘴、广东翁源青塘等地的野外，都发现了一万年前后的陶器碎片，甚至一两个古怪而古朴的陶罐。这都是祖先们捏了泥巴，在火上烧出来的文明碎片。

有了陶器，人们随手就可以把陶罐灌上水，架在火上煮肉吃。这比用泥土包肉去烤或者石板烧方便多了。倘使没有陶器，吃东西就极麻烦。有了陶器，做饭变得轻松如意，随要随得（像微波炉那么方便）。而且陶罐能够把水煮沸，吃熟食才真正流行，能让人增寿，对于人脑的发育功莫大焉。

到了8000年前，人们掌握了第四个有意义的动作——挖。人们不再住天然山洞了，而是挖出"坑屋"住。先是在黄土坡上挖人工的窑洞居住，又改良了窑洞的挖掘方法（横向），改向竖直方向挖坑，坑里支几根柱子，上搭木架，以茅草铺顶为盖，像蘑菇一样，就充作房子了。[1]这种房子上边漏雨，下边又潮，人待在这样的坑屋里，总是不很爽。室内为圆形，面积也很小，一般才10平方米上下，仅能容纳两三人。后来流行方形的坑屋，面积有大有小，大的达100平方米以上，简直是当时的杰作。

坑屋里没有现代意义的床，没有椅子，也没有桌子，人们习惯坐在兽皮的席子上看屋顶上的星星。

屋顶上除了星星，还有茅草，由于风吹雨淋，表层形成灰白色的霉烂层，

---

[1] 这种房子称为半地穴式坑屋。

所以叫"白屋"（"日暮苍山远，天寒白屋贫"是也），这是典型的劳动人民的建筑。不过当时还没有有钱阶级，大家都住白屋。茅草不断霉烂，需年复一年地加铺新草，使草顶逐年增高，一旦草顶倒塌，一个房子就算使用完了。

天亮了，男人们从这种古典的一次性的房子里钻出来，拿着弓箭、石矛、渔网，出去捞鱼打猎。狗也跟着男人们出去了。弓箭比现代猎枪好——猎枪一响，打死一只，惊跑一群，弓箭就没有这个问题。

男人看见野兽，把矛扔出去，狗就上去猛咬。"臭"这个字（图1），就是一只狗在追逐野兽，引申为"嗅"，闻着味儿追。狗围着垂死的动物狂吠，人赶到了，矛正像一只嗜血的毒蛇扎在狐狸、羚羊、貉（hé）或獾的肚子上。矛的尾端还装着一种蝴蝶状的骨制品，是定向器，在飞行过程中起稳定和平衡作用。

图1　甲骨文的"臭"

有时候，野兽挨了一矛，嗷嗷直叫，但不会立刻死去，而是带着矛就跑。一些小气的男人就在矛尾巴后面系个绳索，拽着绳子，避免野兽把矛带走。

猎物扛回来，就放在古代的"冰箱"——井里。这种井不是喝水用的，比较浅，适合贮藏东西，盖上盖，坏蛋就无法进去偷吃了，并且有狗看着呢。其实当时贼不多，狗不抓贼，狗在远古时代的主要职责是拿耗子。[1]一直到战国时代，齐国还有相狗人——替人识别狗的优劣，看它善不善于逮耗子。狗的另

---

① 狗大约是两万多年前被驯化的，比猫早很多。狗拿耗子一直拿到了四千年前猫被驯化为止。即便有了猫抓耗子，狗还是又抓了两三千年耗子才罢休——根据史料，直到晋代，狗还抓耗子。

一个作用是提供狗肉，很多出土的狗骨头都是碎的，说明人们敲碎它，把狗功臣吃了。

男人外出打猎往往会空手而归，所以光有冰箱还不够防饿，最可靠的办法是在家种地，保障粮食供给。于是，到了7000年前，陶器时代的人掌握的技能已数不胜数，其顶峰壮举是"种"——庄稼。我国北方最早的粮食化石——7000年前的小米粒和菜籽，在陕西西安附近的黄土地上发现了。河北省的武安县还发现了专门的粮食窖，至今堆积着两三米深的腐朽谷物，以及两架白花花的猪骨头，这都是7000年前的米和猪啊。

7000年前是怎么种地的呢？女人们用石斧砍掉树林，石刀砍断杂草，放火烧掉荆棘，然后把狗尾巴草的种子塞到地里去，没有施肥，也没有浇灌，等待一年一次的老天爷赏赐。这就是刀耕火种。

这种狗尾巴草种子，不断地驯化、进化，终于变成了可爱的"粟"（金黄的谷子），吃之前需要脱壳。粟怎么脱壳呢？祖先们弄出了石磨盘、石磨棒，是当时很引人注目的工具，样子像现代年轻人玩的滑板。石磨盘为"8"字形鞋底状或椭圆形，长度在半米左右，带有三四个矮足，表面磨得很平滑细致。把粟放上去，拿磨棒（古代的擀面杖）使劲地擀就是了，直到把粟壳全部擀掉，露出金灿灿的小米。妇女们垂下的头发都被汗水沾湿了，这是古代妇女最有趣的减肥运动。经过这种消遣，妇女和小米都变得光鲜可爱。如今出土的磨盘上还留着她们的汗水吧，中间部分往往磨得都凹了下去。

除了石磨盘，半地穴的古典房子里还有一些摆设，比如洗脸、洗脚用的陶器，著名的有"人面鱼纹彩陶盆"——盆上用矿物质为颜料画着小鱼，表示生孩子要像下鱼子那么多——是母亲祖传给女儿，做结婚时候的贺礼吧，不用的时候就用麻布盖上。这是7000年前黄河流域的普通人家。在陕西渭河流域平均每平方公里约有六处这样的小村，河南伊水和洛水一带、山西南部平均每平方公里约三处，其余的黄河两岸，每平方公里不过一处，实在是地广人稀。一般都位于河岸面朝太阳的阳坡上，地势相对较高，不致被水冲跑，又临近水源便于生活。临近河流还有一个好处是，生活垃圾可以扔到河里去，不然小村就会被垃圾掩埋了。

长江流域也毫不示弱。南方的人出现得一点儿不比北方晚，甚至他们更早吃上了大米。在江西万年仙人洞、湖南道县玉蟾岩就发现了更早（一万年前）的古稻子。杭州湾的河姆渡地区，挖出了上百吨5000年前的稻子壳，还有稻米粒。

除了吃的不一样，南方人住的也有别于北方。就像北方人在地上挖穴，南方人在树上搭窝——"干栏式长屋"，上面住人，下面堆放杂物。所谓干栏式长屋，就是以桩木做基础，上架横梁，构成楼板，架空于地面。楼板上立柱、做墙、盖顶，成为茅屋。这玩意儿通风、防潮，是南方祖先的理想居址，跟现在的看瓜老头住在西瓜地上的高架窝棚差不多。

七八千年前的长江两岸，房子星星火火地点缀起来了。当夜色降临，天空暗蓝一片，大地无限寂静，只有蛙声。一位远古的祖先，或者如现今看瓜的老头，蹲在窝棚上，呼吸着清冷的遥远的空气，凝视着星光。星光投向大地，忘记照耀自身，只是无言闪烁，一切归于遗忘，你简直分不出这是古是今。

# 人类的起源：盘古、女娲和伏羲

五六千年前，人们开始用颜料或指甲在陶器上刻刻画画，弄出好些文字的雏形。比如，一、二、三、四，也许是给陶器计数；还有上下箭头和圆圈，或许是标识陶器在窑中的位置，正着放还是扣着烧，总之这是文字的初级阶段。当然，还有更复杂的，像山、日、羊、王、亚什么的。

有了文字，苦恼就来了。先民们鼓着肚子，开始思索宇宙的起源。这是一个早夏的上午，刚刚九点半，离这一天的逝去还有缓悠悠的好一段时间，闲暇无事的先民爬出坑屋晒太阳。太阳圆滚滚的，冒着火焰。旁边，人工培育的狗尾巴草安静地生长着，绿意星星点点。

"天地山川是怎么诞生的呢？"先民们在吃饱了羊排以后，抱着羊骨头望着天空自问。

先民们回忆起早餐吃的鸡蛋，于是从砸开鸡蛋壳的动作中领悟出了宇宙的理论。宇宙像个鸡蛋，唯象无形，混混沌沌，窈窈冥冥。是谁把这个"鸡蛋"劈开的呢？于是来了一位龙首蛇身的上方神圣，他嘘风吐雨，吹雷放电，开目为昼，闭目为夜，他就是我们开创天地之始祖——盘古。

这位叫盘古的龙首蛇身的神，拿着一把斧子对一个仿佛鸡蛋的球体施力。球体受力破裂，产生巨大的能量，诞生了无数的星云，扩张弥漫。鸡蛋清部分上浮，鸡蛋黄部分下降，于是天上有了太阳月亮，地上有了草木河流、山陵鸟兽。

盘古造完天地，就离开了地球。可是他留下的杰作使用了一段时间，发现并非完美：首先是"四极废，九州裂"，支撑着苍茫天穹的四座天柱山折断了，天上崩开一条巨大的裂口，地壳也发生堵塞，洪水从地底喷涌，充溢山岭。恶禽猛兽趁机肆虐，世界陷于水深火热之中。

女娲娘娘闻讯赶到。她先捉住一只大鳌，断掉四根鳌足，重建了四极天柱。然后，女娲启动了伟大的补天工程。她找来五种颜色的石头，放在柴堆上面。点着后，火焰忽地窜起，五色石被烧得通红并慢慢熔化，饴糖似的流淌着。女娲把它补在天的裂缝中，天空随即青碧一色，仿佛从未破损过一般。最后，女娲用烧剩下的柴灰，把地面上的洪水吸干，野兽就逃走了。天地全修复好了。

女娲炼石补天之后，又开始了"造人工程"。她掘起一团黄泥，在手里揉成一个娃娃模样的小东西。这个泥捏的小家伙一被放到地面上，就活了起来，冲着女娲喊"妈妈，妈妈"。女娲看着自己亲手创造的这个小生物，满心欢喜，就给其取名叫作"人"。

在完成补天、造人这两个伟大使命之后，女娲觉得很无聊，就决定给自己找个丈夫。于是她认识了伏羲。

伏羲的母亲叫华胥，生活在甘肃省天水地区。大约在距今八九千年前的一天，她溜达到风景优美的雷泽湖滨，看见一个大脚印，便好奇地踩了上去。结果受感而孕，生下一个儿子，取名伏羲。

伏羲才智过人，可以通神。他仰观天象，俯视大地，观鸟兽之文，近取诸身，远取诸物，于是始作八卦。八卦就是用一组三个小棍儿，分别形成的八种组合。后来的人又将这八种组合两两合在一起，形成六十四种组合——六十四卦。这六十四卦用于预测自然和人事的各种规律，虽然更近乎人为的附会，但也具有辩证法思维，是中华文化的原点，比如"亢龙有悔"①。

伏羲还借鉴蜘蛛结网的方式，用绳索编结成网，可以抓鱼抓虾，也可以设在林子里捕鸟捕野兽。相比矛和箭，这是另一巨大进步，具有划时代的意义，因为它可以捕到活的，加以驯养，开始了远古畜牧业。

后来，伏羲和女娲被汉朝人刻在了汉墓砖和汉墓石上：人面蛇身，伏羲的鳞身与女娲的鳞身缠绕相交，上半部分是人，穿着汉朝人的上衣，下半部分是两个鳞尾互相盘了好几圈。交尾合体，表示他俩是我们的祖宗，称为"人文始祖"。女娲右手持规，可以张开画圆形，伏羲左手持矩，可以画方形，表示他们为我们制定了"规矩"。

---

① 亢：至高的。悔：灾祸。亢龙有悔：居高位的人要戒骄，否则会因失败而后悔，后来也形容倨傲者不免招祸。

# 神农氏：尝百草，教耕种

从女娲、伏羲生活的甘肃天水地区（渭水的源头）沿着渭水东去300里，就进入陕西宝鸡地区，这是神农氏的老家。

神农氏要晚一些，到了7000年前的新石器中期，他才出来，从事扶农工作。当时的人口已经颇为繁庶，但吃的还都是行虫走兽和采集来的野菜，缺少碳水化合物与维生素，口腔溃疡严重。

于是，神农氏这位优秀青年便拎着根棍子，到处收集可食用的谷物种子和蔬菜叶子，以及治疗溃疡的草药。神农氏的胆子很大，逮着什么就往嘴里塞什么，差点死于食物中毒，幸好别人给他吃了一片茶叶进行抢救，才活了过来。

神农氏之所以禁得起折腾，是因为他有一半神的血统。他的母亲是人，叫女登，父亲是一条神龙。

有一天，女登出门玩耍，想办法过了渭河，来到秦岭华山地区踏青。突然，一道红光笼罩山脚，女登猛一抬头，看见一条神龙腾于雾中，双目发出两道神光，与她的眼波锁定在一起。四目相交的刹那间，女登只觉心灵悸动，似有所感。她用手拭一拭眼睛，定睛再望，但见暮色渐合，天空如河水，光闪闪的，哪有什么神龙啊！

女登跌跌撞撞逃回家中。郊外的这次浪漫之遇是如此短暂，可谁承想女登怀孕了！10个月后，一个"牛首人身"的小孩呱呱落地，他就是神农氏。

长大后的神农氏极仁慈、极具爱心，他最大的爱好就是拿根棍子，在西部的黄土高坡上考察野生植物。神农氏遍尝百草的果实，察悉酸甜苦辣的滋味，留心可以培育的品种。可恶的是，那些味道好的植物往往毒性很大，以至于神农氏创下了一天中毒70余次的记录。

神农氏的真诚终于感动了上苍，天上下起了"粟子雨"。粟子噼里啪啦从天而降，神农氏捡起来用手揉搓后送进嘴里，觉得很好吃。于是，他教人开垦土地，种起了粟子。①这就是神话中谷子的由来。事实上，我们都知道谷子是由狗尾巴草选育驯化而来的。

当时，人们除了打猎，还采集植物的茎叶和种子，拿回家煮着吃。有些种子不小心散落地上，次日的一场清雨过后，种子冒出嫩芽，启发了人们种植的梦想。

那么，为什么几万年前的人们不种植植物呢？可能是当时的禽兽很多，采集现成的植物种子、茎叶也很方便，而种地是最累人的，所以不到万不得已，不会种地。而到了大约7000年前，人口已经颇为众多，根据考古发现，全国有7000多处小村。也许是人口多了，单以渔猎和植物采集不足以用，于是促使人们去培育粮食。

如果让100个人列出自己最不想干的10件事情，种地肯定是得票最高的；而如果列出最想干的事儿，打猎肯定能入选前列。在古代，官府常不准平民进入山川林泽樵采渔猎，部分原因就是强迫他们在家种地。

---

① 据《逸周书》载："神农之时，天雨粟。神农遂耕而种之，作陶冶斧斤，为耒耜（lěi sì）锄耨（chú nòu），以垦草莽。然后五谷兴助，百果藏实。"

7000年前的人们是怎么种地的呢？

砍树是不太合适的，因为用石器砍树的效率实在太低了。于是每到秋季，林木干枯，西风乍起，正是放火的好时候。神农氏就带着男女老少出门了。他指挥人们躲到安全的地方，然后打开陶瓶，倒出火种，蹲下去将干草引燃。火就像一个贪吃的汉子，没多一会儿，就把枯木荆棘吃个精光。随后，神农氏招呼大伙出来，抡动石刀石斧，砍掉残余的焦木，露出赤裸的土壤。而厚厚的草木灰就成了天然的肥料。

次年春天，神农氏再次出动。几个人并排站成一行，各持尖木棒，将其刺入土中，然后互相配合用力，一下子就翻起一个大土块。大家再一起向后退一步，重复前面的操作。女子和小孩则跪在地上，拿小木棒把大土块打碎。最后大伙七手八脚，把采集回来的狗尾巴草的种子塞到土里。

大家辛苦一天，到了晚间，就回到家里休息。他们的家就是一个个坑屋，当时最流行的。人们钻进坑屋，顺着台阶爬下去（从坑门口到坑底有几级台阶），首先看到的就是火塘——用于取暖和做饭，位置在靠近坑门口的地方。火塘是一个圆形的浅坑，里边放着干柴枯木，坑边上用三块石头做成架子，可以把陶罐坐在石头上，煮肉吃。

当时的炊具和餐具已经初具规模，杯、碗、盆、罐子、瓶子一应俱全。碗口上还用指甲抠出鱼鳞样的一圈纹路，烧制成形，这是当时最前卫的艺术品。

大家围着火塘席地而坐，屁股下面垫着树皮、松毛、兽皮和杂草等坐具。睡觉前，人们会把火塘附近的地面烧热，然后趁着余温，躺在热地上，这叫作"炙地眠"。火塘里的火慢慢地乏了、灭了。通常，火塘边上放有古代的"打火机"——一个制作精巧的陶罐，里边放一种特殊的植物，带着火星，是保存火种用的，呈密闭状态，用的时候，倒出一些火来。这个小陶罐是古代的火柴盒，平时就放在火塘边的灰里煨着。

晚上是最美好的时刻，神农氏在睡觉前，还要趁着日夕的余影，做些杂活儿。比如，他拿出尖木棒（就是白天用于翻土的东西），用火烧其尖端，以增加它的硬度；或者找来一根野兽犄角，套在尖木棒的尖端。这样，它就会使用得更长久一些。

神农氏还觉得，尖木棒就算再坚固，效率还是低，因为用它刺土和翻土的时候，施力位置只是一个点，用双叉的木棒掘地可能会更快些。于是他又爬出坑屋，找来一些带叉的木棒，经过一番加工，终于做出了双齿的尖木棒。[①]这东西被后来的学者起名为"双齿耒"。

神农氏为自己的发现激动不已。望着皎洁的月光、暗绿的森林，他瘪着肚子，抚摸着手中的农具，用有限的智力思索着无限的将来。

日升月落，秋天又到了，田野里滚动着金黄的谷穗。神农氏和男女老幼手持石镰，向大地索要回报。他们只割下谷穗，秸秆就与荆棘杂草一起放火烧掉，留下草木灰当作来年耕种的肥料。

与此同时，7000年前的南方人则普遍吃上了大米——南方雨水多，狗尾巴草（谷子）活不了，于是他们培育出了稻子——唯一一种泡在水里还能存活的谷类作物。杭州湾的河姆渡地区，挖出了上百吨的稻子壳、稻米粒，以及陶罐里煮饭剩下的锅巴，还有橡子、菱角、酸枣、桃子、葫芦、薏仁米等植物。

---

① 《易下·系》："神农氏作，斫（zhuó）木为耜，揉木为耒，耒耜之利，以教天下。"

# 为什么古代女子寿命短

7000年前，农耕技术已经得到启蒙和发展，人们在劳动之余就闲着，玩最古老的玩具——陀螺，抽得它嗡嗡直叫。平时，人们有什么事就刻在木头上，或者用绳子打个结，大事打大结，小事打小结。

当然，那时候也有比现在惨的地方——7000年前的人，一天只吃两顿饭。早上七点到九点之间吃一顿多量的早餐，因为这一天要干活，需要多吃点儿。到了下午五点来钟吃简单的午餐，因为接下来太阳下山就该睡觉了，睡觉不消耗体力，不用多吃东西。那时候甚至用不着点灯，灯具是到了4500年后的春秋战国时期，随着青铜和铁器的使用，人们的生产效率提高了，可干的事越来越多，晚上也要干活，才点起了灯，也才有必要吃晚饭了——每天吃到了三餐。

吃饭少一顿倒没关系，但不能炒菜，因为陶器传热慢，炒菜需要传热比较快的铁锅，而当时没有铁，所以神农氏吃的肉只能煮、菜只好泡和腌。泡是把蔬菜置于陶瓮中密封浸泡，加入盐和佐料，类似泡菜。腌和泡的区别是，腌不加水。有时候神农氏也吃煮菜，就是小米与菜、肉混在一个陶罐里，煮出来的糊糊状的东西。陶罐架在火上煮，一旦没留神，就会煮得焦煳，所以必须专人搅动，防止煳锅底。但搅得厉害了，一不小心，手里的骨铲还会把陶罐弄翻。

这样总喝稀饭很容易喝腻，想吃点干的吗？那就要在陶罐下边挖些孔，里边放上小米，然后把这个带底孔的陶罐坐在装有沸水的另一个陶罐上，用下边陶罐的蒸汽，去加热上边的陶罐，也就是蒸。这种设备后来做成了连体的，叫作"甑（zèng）"，它可以蒸饭，也可以蒸鱼，还可以蒸植物块茎（如古代白薯）。我们可以管这个叫作饮食界的"蒸汽革命"。但神农氏为什么没有悟出"瓦特的蒸汽机"，从而制造出古代火车呢？只怪当时没有金属啊，这是7000年前最郁闷的事。烧陶只需要600摄氏度，而冶炼金属却需要1000摄氏度，当时的人弄不出这么高的温度。

没有金属就有很多不方便，比如你的手指甲长了，没有指甲刀，你就只能用牙去咬，或者到岩石上磨（像老虎一样）。如果你想做一个独木舟，就很难用石器把一根大树挖空，而必须先在木头上烧火，烧掉一层，用石器刮掉一层木炭，再烧一层，再刮。烧过度了，就把"船"整个烧了。

砍树也是这样，石器和火要配合着一起用。据民俗学家的报告，南美土人用石斧砍倒一棵树，需要两个月的时间（边砍边用火烧），而如果用铁斧砍伐，只需一个小时。

由于砍树太麻烦了，木材就比较少，当时的人死了就不用棺材，只用席子和树枝覆盖，放进方坑里。最了不起，坑顶加一个木头盖子（这个盖子往往是原木拼成的，没有刨平），上边也不起坟头。不过小孩子还好，因为体积小，死了就放在陶瓮里再埋入土中。瓮底下还留有一个小孔，供灵魂跑出来，重新投胎去。

那些喜欢喝茶、吃辣椒、抽烟的人，如果穿越到7000年前的神农氏时期，就等于是自找罪受。不过，也许能喝得上酒，因为酒起源于放馊了的饭，当时放馊了的饭蛮多的，所以有酒。怎么从馊饭中得到酒呢？这就要把饭过滤出去。出土的滤酒器就像一个茶壶，一头把馊饭倒进去，壶中间挡了个竖立的筛子，酒就在另一头涌现汇聚了。

喝酒可以用陶制的碗，神农氏和他的哥们坐在地上抱着它，沉甸甸的，喝起来很不优美，所以大家就使用轻便的木碗。然而木头容易腐烂，神农氏就给它涂上天然植物漆，是最原始的漆器（漆器之后是瓷器）。

7000年前的男人，不用讨媳妇，他们可以有很多媳妇——当时流行狂欢会。

神农氏会选定一个特别的好节气，比如春分，组织大家到郊外的温泉边上，搞节日大狂欢。一些少男少女，以及附近村子里认识和不认识的青年男女，都到野外野炊。吃饱喝足就开始野合——一帮男女脱掉衣服，坐在水池里嬉戏，遇上互相中意的，就上岸去男欢女爱。在水池边上，一对对情侣虽近在咫尺，但互不干扰，各行其是，甚至可以互换对象。

这是旧、新石器时代的"郊外野合"，是远古先民在不知婚姻为何物时，为了解决性需要和传宗接代，必然的出路，并作为风俗一直不同程度地保存下来。到周朝时，还成了《周礼》上规定的全民活动，地点往往选在桑林。

7000年前，除了定期野外狂欢外，男人还可以直接去女人家里睡觉。这样的古风习俗，在如今淳朴边远的地区仍然可以找得到，即学者所谓的"走访婚"。比如，云南永宁县泸沽湖畔的纳西族，就是女子不嫁，男子不娶。在劳动、集贸、娱乐等场所，一对男女只要认识了，且双方愿意，男子当晚就可以到女子家中过夜。次日天亮后，男子便会告辞回自己家。所以每天清晨，各村落之间的道路上，来往者尽是青壮年男子。男女暮合晨分，来去自由。"走访婚"男女并不共同生活，也没有共同财产，甚至连早餐，男方都得回本族就食。

这种"走访婚"比郊外野合要进步一些，即从郊外转到女方家中，并从一帮男女变为了一对男女。但每位女子可以和多位男子保持性关系，反之，男子亦然。男女在一起，主要是为了解决性苦闷，所以对长相、体格、年龄、家庭背景等都不挑剔，往往一两个月就会换一个对象。一个女子同时拥有几个、十几个性伴侣是常事。因此，有了孩子，便难以确定其生父。因为找不到父亲，孩子就由母方抚养，舅舅会扮演父亲的角色。母亲和孩子都不离开本族，一直到死。这是母系氏族的特征。

在母系氏族社会，女人是社会的主导力量，她们包揽了采集、纺织、制陶、种地、生孩子等主要工作。种庄稼时，女人要敲碎土块、育种、播种、除草、收割，而男人只负责挖土。确保家族衣食无忧的是女人，女人顶起了四分之三的天，男人只干干打猎的事，没什么利润。

在郊外野合和"走访婚"里，女人往往是主导者，发生性关系后并不认为女人吃亏。女人一辈子不结婚，却获得了一辈子的自由！当时的女孩也比男孩金贵，从出土的"棺材"（即陶瓮）来看，女婴的比男婴要漂亮、舒适、宽敞得多。

因为没有固定的夫妻，所以坟墓里是单个单个埋的，没有男女合葬。单个的坟越来越多，往往还要进行"二次葬"，即把骨头全挖出来，转移到部落的公共墓地，所有的男人骨头葬在一区，所有的女人骨头葬在一区，排列井然有序。总之，当时没有个体家庭的概念。

试想一个社会没有家庭，那该多么随便和无拘无束啊！无论你怎么花心，都没有人会指责你是"大萝卜"。郊外野合、"走访婚"，这都不能算结婚。7000年前的社会就是这么开放。

当然，开放是要付出代价的。7000年前，婴儿的死亡率占死亡总人口的三分之一，因为他们的年轻母亲死掉了——有一半的女人死于二十几岁的花季。

当时，女人的怀孕年龄普遍为15岁左右，过早孕育导致女性的内分泌紊乱，未老先衰。由于少女的生殖系统尚不具备完备的生理功能和应有的杀菌功能，所以临盆难产和产后细菌感染，就成了女孩的催命符。

7000年前，男人的寿命比女人长，平均在32岁左右（小的一两岁，大的50多岁）。这个数据一直保持到汉朝没有大的变化。

## 母系氏族的"婚姻"：男不娶女不嫁

刀耕火种，只是在播种和收获的时候忙一阵。7000年前的人，平时是不是就很闲了？不是的！千万不要以为种上庄稼就万事大吉了。事实上，那时候的庄稼是不能太过指望的，一群大象在上面跑一跑，野猪夜里再来逛一逛，庄稼就全完了。所以平时也要工作，这个工作就是延续几万年的打猎和植物采集。

采集的人会拎根棒子（一头削尖），到处踅摸，就像捡垃圾的那样。这根削尖的木棍虽然简单，但用处很多。当你遇上野菜时，比如蕨菜、野葱等，可以用这根尖木棍把菜挖出来。树枝上也有大自然的馈赠，李子、山丁子、野樱桃、桃子等，举起棍子就能打下来。用尖木棍在草丛中翻找，也很容易发现一窝窝光灿灿的鸟蛋……这根棍子简直就像丐帮的打狗棍一样万能。

很多刚采摘下来的野菜是有毒的，你需要把它们带回家，晒干后再吃。对于植物的块根，你可以用杵臼（chǔ jiù）捣成粉末，这就是古代的奶粉，饿的时候，可冲泡来吃。

当时已有了早期商业集市的萌芽，出现了远古的农贸市场。打猎与采集来的各种好东西，都可以在农贸市场进行交换，互通有无。农贸市场里有卖鸟蛋的、卖鱼的，还有卖动物皮的。动物皮可以做成衣服，夏天正着穿（毛朝外），凉快，冬天反着穿（毛朝里），暖和。此外，还有提取植物纤维制作而成的衣服，好看时尚，更加畅销。

当然，农贸市场也是一个寻找伴侣的好地方。你拎着打狗棍，背着①一筐大麻②走。如果筐里的大麻比较好，拎着木棒的姿势也很酷，没准就能被正在卖饮料（植物根茎泡水，卖给远路口渴的人）的"野蛮女友"相中了。

你走过去，放下筐子，把采集来的大麻和葛藤交给这位"野蛮女友"，想换她的饮料喝。这个卖饮料的女孩抬起头，眼睛直勾勾地对着你打望一阵，觉得你还不错，就会冲你放电，要你的联系方式。但你是个有原则的男生，特别是发现这个女孩的牙齿有点龅，一笑就不好看了，于是你借故跑开，气得她做出王老五欲抢亲的姿势。

刚走出不远，另一个卖衣服的女孩进入你的视野。这个女孩的手白皙小巧，纤细的手指是你的最爱。为了避免乱发蓬蓬，她头顶上梳起了一个螺壳样的乌髻（jì），还有一只鱼骨梳斜插在那里。

需要再声明一遍，不是你挑她，是她挑你。当她觉得你是她喜欢的类型，你呢，也不讨厌她的相貌，她就会带着你直接去她家——千万不要害羞，因为别人也是这么干的。路上你看见那个卖饮料的牙齿有点龅的女孩，后面也跟着一个帅哥——是她挑来的。

古代的女孩手很巧，你的女友也不例外。到了家里，你和她一起把大麻、

---

① 古人背筐的方式跟现代人不太一样，他们用带子绷在前额，带子从两耳下伸到后背，拉着脊背上的筐——很多古人因此在头骨上留下了印痕。

② 这里的大麻是一种很有用的经济作物，叶子可以煮菜粥吃，麻皮可以做衣服穿。而吸食的毒品大麻只是产自印度的某一变种。

葛藤剥皮，捶击，放入水里浸沤，这些植物的皮就松散了。泡上一会儿，再放进一些矿物质，使其脱胶，变成麻丝。接着把丝劈分出来，用纺轮①一段一段捻接起来，就成了长长的麻线。

当时的纺轮是陶制的，只有一个铜钱大，样子也像铜钱——中间的圆孔插根竹签子，签子的顶上系几条麻丝，麻丝的下方坠着纺轮。用手转动纺轮，利用纺轮在悬坠状态下的重力和旋转扭力，把几绺麻丝拧成结实的一根长麻线——纺轮越重，拧成的麻线就越细，反之越粗。当时的人们已经无意识地用地球引力来造福自己了。

接下来的工作——织布，建议你帮下忙，这样可以在劳动中建立感情。织布，说白了就是把麻线分成经线和纬线，相互交错着垂直排列起来，就是布了。经线的一端固定在木架上，另一端系在你的腰际。女孩拿着梭子，梭子尾端系着纬线，在经线上来回穿梭编织。这样就把布织出来了。布的幅面很窄（相当于你的腰宽），比较稀疏，每平方厘米中约有10根经线、26至28根纬线，线条偏粗，但是没关系，这毕竟是你们的劳动成果。如果你的这个"野蛮女友"天资聪颖，她还可以在穿梭编织纬线的时候，做出种种回纹、斜纹的暗花来，或者用某些植物块根捣烂后流出的带有颜色的汁液，把布染成五颜六色的。

7000年前的布，一块也没有保存下来，只是在一些出土的陶器上发现了布纹痕迹。这是制陶的时候，把布垫在泥罐子下面印上的。

有了布，就可以做衣服了。不过，那时候的布幅面很窄，所以只能把几条布拼接起来。于是当时的"裙子"，都是前后两片（每片各用几条布拼成），一片蔽前，一片遮后，两片布之间开缝，导致大腿很容易露出来。无论男女

---

① 纺轮是女孩的最爱，死后要放在棺材里的。男孩的棺材里则放石斧。

都穿这种旗袍式的裙子，谁也别笑话谁。这个传统一直延续到4000年后的大周朝，才把前后两片，合为一个圆筒，成了当时所谓的"衣"。但是裤子，还要更晚才出现。

夜幕降临，晚风微起，轻轻摇动着月光，工作了一天的你和你的"野蛮女友"，互相拥抱着，在她的小屋子里，已然成了月光下最幸福的一对儿。透过房顶的窗户（大约是方便做饭的烟跑出去，狼又钻不进来吧），你们一起数着天上的星星。这时候你在这个女孩家里睡觉天经地义，没有任何人会干涉。

双方只是偶然结成的一对儿。好上半年一年后，女生随时都可能换男生。因为是女人占主导地位，所以在她们看来，男人只是过客，帮其孕育下一代而已，用完就甩开，想念了再找回来。时间不固定，对象也不固定。

总之，当时的女子都"花心"，手上把着一串伴侣，经常胡乱抛弃，不停更换。男人担任这种"玩物"的苦恼角色，有300万年之久，直到四五千年前才发生逆转。男人掌权的历史，比女人掌权要短得多。

下面我们到7000年前的小村外的坟地去看一下。

人们在坟地里都是住单间，没有男女合葬。随着单个坟的增多，全部骨头会被挖出来，转移到部落的公共墓地进行"二次葬"。能住到公共墓地里，是一种荣誉，那些干了坏事或者得了恶疾的人，是进不了"祖坟"的，也没人给他烧纸。那些摔死、烧死、淹死、被野兽咬死、夭折，以及因交通事故死亡（当然这类比较少）的人，也不许进来。

坟墓里的随葬品比较简单，多是粮食，供死人在阴间食用；也有猪、狗、猴、鱼什么的，给死人提供动物蛋白。做饭用的陶罐、吃饭用的钵盆，也都放了进去，但并不见各种武器和受到伤害的骸骨，可见7000年前的社会没有什么部落冲突。

7000年前神农时代的人们，逐渐脱离了原始的狩猎打鱼，过着男人耕种而食、女孩织麻而衣的朴素生活，没有战争，没有焦虑，其乐融融。许多坑屋群组成了几百个温情的小村，沐浴在古代太阳的下面。这个小国寡民的美好时代持续了2000多年，直到5000年前，一个游牧部落里名叫"黄帝"的人，打破了它的安宁。

# 一口气搞懂"古文明三要素"

7000年前中国以外的世界，是什么样的呢？亚洲、非洲、欧洲都有了不同程度的新石器文明，其中佼佼者来自亚洲西部。

苏美尔人（Sumerians），生活在亚洲大陆的西部，那里有幼发拉底河和底格里斯河两条名河，故称"两河流域"，或者音译为"美索不达米亚"[①]。

从7000年前起，苏美尔人就生活在两河流域，时间上与我们的神农氏齐头并进，但是成就更胜一筹。7000年前的苏美尔人已经进入了石器与铜并用的时代，在两河流域发现的铜珠、铜线，还有炼铜遗址可以证明。意思就是说，他们有了金属——就是我们的神农氏最渴望的金属。

但是，纯铜不是坚固的金属，要加入锡成为合金，即我们说的青铜，才变得实用。其中锡的比例必须控制好。青铜的铸造性好，耐磨且化学性质稳定。青铜出现后，对提高社会生产力起了划时代的作用。

到了距今6000年前，两河流域的苏美尔人领先世界上所有人，率先进入了

---

[①] "美索不达米亚"这个词来自希腊语，意为"两河之间的土地"。

青铜时代。这时的苏美尔人已经大量使用青铜工具，并兴建了最原始的城市和城市中巨大的塔庙建筑。他们把两河河畔的泥土烧制成数百万块砖（因为两河流域石头少），以沥青作黏合剂，在城市中建造了巨大的台基式泥砖塔庙，用来供奉他们的神祇。如今可以看见这些神庙的遗址，还有泥砖、棺墓和出土的雕塑。这些东西以及建造它所用的青铜工具都向我们证明，人类最早的城市国家[①]，出现在幼发拉底河、底格里斯河两岸地区的苏美尔人手中。

到了距今5500年前，聪明的苏美尔人又独创性地用幼发拉底河中有较强黏性的泥巴制成泥版，当作书，用芦苇作笔在上边写楔形文字。两面写完后，把泥版晾干、烧硬，就成了世界上最早的文字和书籍，比中国商朝的甲骨文早2000多年。到了距今5100年，苏美尔人的这种楔形文字已经非常成熟，有2000多个文字符号。

如果以青铜器、城市、文字三个方面的出现作为判断文明社会的要素，那么在距今5500年前的苏美尔人已经达到这一标准，率先跨入了文明时代的门槛。而这时的中国，还处于茫茫缥缈的石器时代，不但没有青铜、文字，连夯土城墙都没有，意味着小的城邦国家（即诸侯）还没有出现。

继苏美尔人之后，世界上第二个跨入文明行列的是非洲北部尼罗河畔的古埃及人。遗迹显示，距今5500年前，古埃及地区开始有了城墙、砖房、青铜技术和城邦（比两河流域晚五百年）。这时，古埃及的各个城邦之间，为了争夺土地、水源、奴隶和财富，经常发生战争，参战一方的规模动辄几千人。

到了距今5500年到5100年这一时段，古埃及人发明了象形文字，几乎与苏美尔人的楔形文字同期。象形文字可以从左往右写，也可以从右往左写，但不是写在泥版上，而是写在莎草纸或石板上。

---

① 所谓"城市国家"，就是以某一城市为中心，联合附近一些村庄构成的方圆不过百里的小国，亦称城邦。该城市的中心建筑物为神庙，与统治者息息相关。

总之，在距今7000年到5100年的时间段，两河流域和古埃及的文明已经卓然勃发，均具备了文明社会的"三要素"。而这一时段的中国，神农氏及其后裔们还住在渭水岸边零星的坑屋里，拎着石器和木棒子种植粟。古书上能找到的只是神农氏到黄帝的名字。西安半坡遗址挖出的只有几罐子小米、一些不同颜色的陶器以及南方的小型玉器，文明的迹象非常渺弱，没有青铜、文字、城邦的任何蛛丝马迹。

并且，7000年前的苏美尔人还培育出了世界上最早的麦子。他们把麦子磨成粉，搁上酵母，再加入水，和成面团，进行烘烤，然后淋上蜂蜜作为甜味剂，此外还有椰枣汁。苏美尔人还发明了吃饭用的叉子。

苏美尔人的麦子成了古代西方各国的主食，使得世界餐饮形式走向了"烘烤"的路子（面包）。中国人则吃小米，采取煮食的方式。对于中国来讲，麦子是外来物种，一直不如小米受欢迎，直到汉唐以后，才慢慢压过小米，成了中国北方人的主食——馒头、面条、大饼等面食，直到今天仍是如此。

二

黄帝大战蚩尤：中华五千年历史的开端

# 黄帝是怎么诞生的

考古资料显示，中国古人死后，躺在棺材里面，一般习惯头朝东，唯独西部的古人喜欢头朝西，他们把西方认作神圣之地。

有人认为，中国的文明是从西亚迁徙来的，即两河流域的苏美尔人带着他们的青铜技术、楔形文字和麦子，跨过沙漠，来到我国西部的黄土高坡，推动了中国文明的发展。

不管这一说法是对是错，中国西部确实是华夏文明的重要发源地。我们接下来要说的中国人尽皆知的黄帝，大约就生活在西部。

黄帝是什么时候的人呢？早在2000年前的汉朝，史学家司马迁就已经搞不清黄帝的户口了。司马迁特意向东跑到大海，向西跑到空桐（今河南省商丘市虞城县），北过涿鹿（今河北省张家口市涿鹿县），南到江淮，向各地的白胡子老爷爷打听黄帝的下落。结果各地的老头子们都发誓，黄帝就是他们自家这一带的，就跟现代各地人到处附会一个孙悟空的花果山景点一样。司马迁只好悻悻而归，捡了一些古书上的雅言（不是过分荒诞的），对付着给黄帝写了个小传，最后也没说黄帝是哪儿的人，是什么时候的人。整个传写得更像一篇神话故事。

根据比较权威的《国语》记载，黄帝和炎帝是哥俩。那我们就查查炎帝的履历吧。

可是炎帝很可怜，在秦朝以前的史料中，除《国语》之外，有关他的事迹几乎一个字也没有，只知道他是黄帝的手下败将。但我们可以肯定的是，炎帝绝对不是神农氏。可笑的是，到了西汉，炎帝就被塞到了神农氏的户口本上，成了神农氏的儿子，后来干脆偷偷摸摸成了神农氏本人。炎帝与神农氏的户口合一了！

于是，后代各种史料都写成"炎帝神农氏"，这实在是个和稀泥的做法。好吧，我们就取消炎帝在历史上的存在，而把炎帝和神农氏合一好了。

神农氏（即炎帝）跟他的夫人听袄生下一个男孩，名叫炎居。炎居生节并，节并生戏器，戏器生祝融（中国神话传说中的"火神"）。祝融被驱逐到长江流域，生下了共工（中国神话传说中的"水神"）。共工的儿子术器生有异相，头顶平整如削，另外一个儿子叫后土，乃"土地之神"。后土生下信，信生夸父（就是"夸父逐日"的那个夸父）。《山海经》中记载，夸父是最后一位炎帝。总之，这一群儿孙里，知名的就是祝融、共工、夸父三位。

神农氏还有几个女儿，都没得善终，大约反映了远古女孩红颜寿短的事实吧。其中一个女儿跟赤松子（中国神话传说中的上古仙人）私奔了，两个人一起得道成仙。还有一个女儿很漂亮，叫瑶姬，梦中遇见一位英俊的白马王子，于是得相思病死了。她死后变成了瑶草，开着一种黄色的小花。据说世间的女子只要吃了瑶草的果子，就能令男子爱之发狂。

神农氏最小的女儿，就是有名的精卫。精卫早年不听劝告，从大西部跑到东边的大海里游泳，因为没想到大海比陕西的渭水还宽，体力不支，淹死了。精卫死后，她的灵魂化成一只小鸟，花脑袋、白嘴巴、红爪子，每天飞来飞去，用嘴衔着西山上的小树枝和碎石，去填汪洋的东海，想把坏大海给活活堵死。这就是陶渊明诗所说的："精卫衔微木，将以填沧海。"

为中国扶农、扶贫做出重大贡献的神农氏的后代，大约就是这个情况。

如果把大力发展农耕业的神农氏定义为7000年前的人（因为那时候是农业起步时期），那么我们不妨认为，黄帝是5000年前的人，因为这时候的中国产生了父系社会的势力、贫富对立和部落冲突，表现为出土物中发现了石斧之类的石制武器，以及受了箭伤和砍伤的骸骨。这正好和《史记》中的唯以打仗为任务的黄帝的事迹类同。

大约是在5000年前一个普通的凌晨四点钟，黄帝出场了。

当时夜色深沉，星星闪烁，世界一片和睦。一个叫附宝的女孩，正在陕西黄土高原北部安稳地睡觉，又安稳地醒来，没招谁也没惹谁。她有点好奇，抬头看了看天，却见一道闪电环绕着北斗枢星，照亮了整个郊野。随即，那颗枢星就掉落了下来，附宝由此感应而孕。怀胎25个月后，附宝生下一个小儿，这小儿就是后来的黄帝。①

由于在母亲肚子里多待了15个月，已经学会说话，所以黄帝一生下来就能说会道。这个孩子天生一副帝王相，浑身散发着圣德，家里的鸡呀狗啊都怕他。②连风雨雷电等气象诸神都听他的话，黄帝一说"天太热了，刮点风就好了"，天空立刻就会刮起凉风。说下雨也是一样。很多情况下，吃饭的骨勺拿到他手里就会粉碎；他看着一个瓦罐，那个瓦罐就会爆炸；他盯着某一个人，那个人肯定就要摔跤。村里的人都怕够了这个小孩。

随着年龄的增加，黄帝在20岁出头的时候，功力已经可以随意驱使虎、豹、熊、罴（pí），更别说人了。

---

① 《帝王世纪》："神农氏之末有熊氏妃附宝，见大电光绕北斗枢星照郊，感附宝，孕二十五月，生黄帝于寿丘。"

② 《抱朴子》曰："黄帝生而能言，役使百灵。"即文中说的鸡呀狗啊这些灵物都怕他。

在黄土高原上追随黄帝的一个少年，叫作应龙，同样身怀异能。当时大雁常在黄土高坡上低低地飞行，领队的老雁不停于空中鸣叫，后面的雁一只接一只应和，以免有谁掉队。这便是答应、应对、应唱、应和、响应等词的来历。"应"是雁鸣的声音。应龙获得了雁的飞天本能，毫不费力就能爬到山顶，在阳光下静止不动。大家向上仰望，看见的是一只有翼的飞龙。而龙具备驾驭水的能力，当应龙和黄帝一起在河边赶着牛羊走的时候，应龙走向河水，河水就像惧怕他似的，倒退着让出一块空地。

黄帝认为，应龙能够驾驭地面流水这一神力能给自己带来诸多便利，比如他看管的虎、豹、熊、罴需要饮水的时候，不必费力寻找，应龙可轻易让一潭河水远道流来。

草长莺飞，白昼永长。黄帝和应龙在黄土高原北部看到了时代最大的创造，一批从洛河北上的人，带来一种比石头还坚硬的金属。5000年前的黄帝时代，人们开始有意识或无意识地冶炼青铜啦！

最早的青铜器出于黄土高原，在其最西部，渭水上游——甘肃省临洮县的马家窑遗址，是一把青铜刀和一些青铜块。这把青铜刀长约四寸，经鉴定含锡6%－10%，是迄今所知我国已发现的年代最早的、人工冶炼的青铜器。千万不要以为甘肃省临洮县的这个"天下第一青铜刀"是可以砍人的青铜武器，其实它只是水果刀，长四寸，连切西瓜的刀都算不上，而且其含锡的比例还不够科学。

炼铜起源于烧陶。随着烧窑的水平越来越高，温度从600多摄氏度升到了1000摄氏度有余，而纯铜的熔点为1084.5摄氏度，终于炼出了铜。

纯铜并不好用，软软的，极易弯曲变形，还不如石头的作战能力强。黄铜好一些，比较硬，是铜里加锌，但是过于脆。黄帝在野外引吭高歌的时候，从过路人手里淘换来的黄铜，就会被黄帝的歌声震得爆炸。对这样急躁的金属，黄帝也无计可施。

最好的是青铜。怎么弄出青铜呢？首先是发掘铜矿石，俗名孔雀石，颜色翠绿，晶莹可爱，很扎眼，人们都想把它烧一烧。它含有氧化铜，烧的时候与锡石放在一起，达到960摄氏度，就可以得到青铜。标准的青铜应该是含有75%的铜、25%的锡。青铜硬度大、表面光亮，可以做成漂亮的礼器，而且所需熔点比纯铜还低，便于冶炼，又富有延展性，可以经过锤炼做出很细很薄的生活器具（比如小刀和小勺子），是最理想的铜类合金。

甘肃省临洮县的马家窑遗址发现的那把小青铜刀和几个青铜块，因含锡量的比例是6%—10%，还不能算是标准的青铜器物。总之，这个小青铜刀和几个青铜块只能算是偶然事件，也许是烧陶时无意做出的。接下来铜、黄铜或者青铜的东西，只是零星出现，甚至可以说，5000年前，中国大地上几乎没再发现什么其他铜物件。

直到距今4000年前，青铜器物才较为频繁地出现了，主要集中在我国西部——甘肃。甘肃省武威市的皇娘娘台遗址，出土了30件铜器，有刀、凿、锥等；甘肃省永靖县的秦魏家遗址，出土了铜锥、铜斧和铜环，还有中国最早的铜镜。

这些铜器既有红铜（纯铜），又有黄铜、砷铜，也有青铜，但都不是武器，也谈不上礼器，而是小装饰品（指环之类）以及小的生活用品（锥子、刀子之类），个头都不大，挂在腰上而已，但它们可以用来加工工具，比石器轻便、锋利。

不管怎么说，4000年前，人类算是进入了金石并用时代（金属和石器并用的时代）。此时的铜物件依旧不多，铜锡比例合格的青铜在各类铜物件中的比例也甚小，且多局限在甘肃。

# 黄帝发明"车"的趣事

5000年前，黄帝率领族人从陕北沿着洛水南下，想到南部的渭水看看。一路上黄色的土地让他感慨万千。

终于，黄帝来到了东西流淌的渭水，看见了神农氏的故地。渭水冲击出800里渭河平原，这里诞生了华夏族的文明。

为什么叫华夏？因为神农氏的后裔有黄帝，黄帝的后裔大禹建立了夏朝，这就是"夏"。后来的周朝自认为是对夏朝文明的继承，就管自己和下面的诸侯叫"诸夏"，以与周围戎狄蛮夷之国对称。大约为了音韵相合，"夏"也叫"华"，有时又合称"华夏"。倒溯上去，神农氏、黄帝这一脉的文明就叫华夏了。

黄帝看见，在广袤的渭水大地上，华夏之人已经开始使用耒耜了。耒就是个尖木棍，就是从前神农氏拎着的木棒子，现在它升级了，在尖端用绳索缚上了一个宽10厘米、长20厘米左右的石头片，这东西叫耜，合起来就叫耒耜。耒耜的翻土量大于尖木棒，但缺点是入土能力差（不如尖木棒易于刺土），于是人们又在耜的顶部，即耒和耜的交接部，横着加了根木棍，可以脚踩助耜（石头片）入土。

只见他们数十百人聚在一起，拿着木制、骨制、石制的耒耜，在垄亩上倒退着翻土耕地。此外，还有人挥舞着石锄、石铲，把翻出的土块敲碎，把杂草铲平。黄帝望着这些劳作者手中的物件，心中充满了惊讶。

不管怎么样，这是农具发展史上的一次革命，一用就是数千年，直到秦汉时期。

这时候还没有犁，虽然已经有牛了，但牛不负责拉犁（因为没有犁，更高级的牛耕要等到春秋战国时期才出现），牛在这时是被放到草坡上吃草玩儿。养牛和养猪在当时的目的是一样的，都是杀了吃肉，而且主要用小牛，小牛肉嫩。把牛肉串起来，架在火上烤，这就叫炙。此外还有脯腊：脯是牛肉干，果品和瓜菜也可以做成脯；腊是咸牛肉干。现在的腊肉、咸鱼、香肠、火腿、果脯就是这么来的。

总之，牛在5000年前只是提供肉品，平时无忧无虑吃了睡睡了吃，像猪一样。牛甚至连拉车也不管，因为这时的中国还没有车呢。牛慢慢学会拉车，也是在春秋战国时期。

一群大雁（几万只）从头顶聒叫着飞过，遮得阳光都黯淡了。应龙很想拿起飞叉，投刺大雁，因大雁排队有序，最易刺中。大雁的羽毛可以做衣服——古代羽绒服。这个心思刚刚萌生，已经有一只大雁尖叫着中叉，从队伍里沉甸甸地坠下来。

应龙说："我并没有出手啊，但是叉自己飞起来了。"自鸣得意的应龙跑过去拾起大雁。这些举动招致黄帝轻蔑的哂笑："我更希望有翻开土地的那种物件，而不是去捕捉一只愚蠢的大雁。"

这时候没有暑热也未到虐寒之严冬，空气悄然入襟，清爽可爱，正适合赶路。黄帝对他的部族人说："我们向东走吧，朝着太阳升起的方向。"

虽然黄帝是神农氏家族后裔的一支，而且是八竿子之内就能打到的一支，但黄帝不太乐意涉足神农氏一族的地盘。这里的人口密度太大了，挤到这里来只能被人反感，甚至引发斗殴，不如迁徙去一块同样适合耕作的地方，又不是像陕北那么贫瘠的。

于是，他们捋着渭河平原的北线向东走，在陕西东部东渡黄河。正是"几"字形黄河的从北向南段。这一段黄河把黄土高原一劈为二，左边是陕西，右边是山西。

黄帝渡河不需要很先进的技术，伟大的羊筏子帮助了他。羊筏子是游牧民族的专利。杀羊时，先把羊头割下，留下颈部，同时去掉四个羊蹄。剥皮时，严禁开膛，也不能弄破羊皮，而是将羊颈悬于树上，先割开颈部，进而把皮往下翻拉，直至把羊皮完整地扒下来。最后将脖子、四肢、生殖器等处扎紧，仅留一只后脚作为充气和排气孔，形成羊皮囊。

黄帝命人把羊皮囊都拿出来，鼓着腮帮子从羊腿给它充气，拴牢，羊皮囊就鼓胀得像一只怀孕的羊了。黄帝随行的羊群，看见这样古怪的圆羊，纷纷发出奇异的咩叫。

黄帝把几只羊皮囊合为一组，与木棍捆在一起，做成羊皮筏子，大家纷纷登筏渡河。

此时的黄河水并不浑浊，黄土高原植被茂密，百兽出没，无所谓水土流失。后来，给土地开膛的耒耜越来越多，一道又一道，纵横万千道，终于毁了这片黄土地上的自然植被，使得黄土光秃秃的，雨水一冲就千沟万壑，直淌入黄河。黄土高原染黄了黄河水。

水淋淋上岸的这帮陕北人，进入山西，他们还有很多路要赶，每个人身上都扛着50斤重的家什。为了减少跋涉中的痛苦，特别是解决行李的运输困难，据说黄帝在东迁的道路上发明了车轮。

国际上一般的看法是，1000年前（距今6000年前）的苏美尔人已经发明了车，并把这种文化传播到世界各地，包括中国。黄帝生活在中国西部，是接受西来文明的第一站，这可能是黄帝造车的来源。总之，在中国，黄帝被冠为始作车者。

黄帝是怎么发明车的呢？他看到转动的飞蓬，就是荒枯的干草和藤，它们被风吹成一团，雪球一样越聚越多，直到房子那样高，像个大怪物。当狂风一吹，这个"巨兽"就可以转动，压过路上一切障碍，而且速度飞快。黄帝看见这种圆周滚动实现直线运动，从而创造了轮子。轮子最初是单独使用的，在移动沉重物体的时候，比如捉来的一只大象，人们在大象下边垫上圆木，作为轮子，撬着大象滑走。

于是，黄帝的专利——车就这么出来了。但是它只有一个车辕（就是拉车的杠子），而且车轮是实心的，没有辐条，这一点使得它旋转缓慢，但是更加结实。有辐条的轮子是两河流域的苏美尔人又经过1000年后发明的。

黄帝时候的车，是以人力牵挽轮轴而行的。那个苦闷的拉车的家伙，不知道是谁。既然有拉车的，就有坐车的。阶级开始出现了。

# 黄帝选嫘祖：被她的美丽折服

茂密而高耸的粗木深林，长久以来，燃烧着孤独、绚烂、耀眼的火光。道路在他们的脚后出现，河流在他们的身边跌倒，黄帝带着族人们进入了山西。

黄帝在山西南部顺着太行山底向东走（山脉呈东西走向，是山西与河南省的南北分界。山脉往南就是黄河。但是你听不到东流的黄河水声）。走了刚刚100公里，黄帝到了安邑（今山西省运城市夏县），在这里他遇到了嫘（léi）祖，立刻被她的美丽折服。

嫘祖正抱着一个陶瓶去井里汲水（5000年前已经开始有水井了，南方水井出现得更早点，喝井水更加卫生）。

嫘祖弯下腰，用瓶子腰际的两根细绳把陶瓶系下去。井壁四面是木棍自上而下垒成的，五六十层之多，木棍交叉成"井"字形。嫘祖的陶瓶是尖口尖底的，像个硕大的枣核。尖尖的底部使瓶子入水就自动倾倒，水一满，因瓶子和水的整体重心下移，瓶子又自动竖起。

嫘祖的胸、腰、脚都有珠、管、玉石之类的坠饰，在皎白的上臂上面，还套着一只臂环和一只筒状的臂筒。前者是玉的，后者是象骨的。淡黄、青绿两色，包在臂上，作为劳动保护和美丽装饰。在5000年前的新石器时代中晚期，玉器也多起来了。

嫘祖两臂交互拉绳，把水瓶提起。她穿着自己所织造的柔软轻薄、光滑细密的一种织物，后来黄帝才知道，这种织物叫作丝绸。丝绸柔滑地附在她的身体上，显得她的身材凹凸有致，娇艳欲滴。黄帝侧目倾听，水瓶外的水滴悄然跌落井中，回音嗒的一声，阳光幽弱。

嫘祖在劳动中显露出的优美曲线，深深地吸引着黄帝。她静止的温柔，仿佛千百只蝴蝶，绕着她周身纷纷起舞。羽翅五色煽动，晃人眼睛，见形不见身。

黄帝对应龙说："我在我的心脏深处，挖掘搜索，见到的是朝霞般绚烂的情感。我的语言怎能刻画出它的微妙幽曲，我的心思怎能被言词说破。"

应龙走上一步："我看这个女生沉静如水，不适合我们走南闯北的人吧。"

"可是，曾经惯看秋月春风的我，你知道，是不会轻易交口称赞什么人的。"

应龙咕嘟了嘴，不说了，准备执行命令。他把双手叉开，食指交叉唇前，低呼一声。地面上受他管理的水立刻起了感应，特别是嫘祖抱着的水瓶里的水，像鲸鱼喷水一样喷了出来，水柱径直冒上去，打湿了嫘祖的头发。此时黄帝看见嫘祖的乌发上，有一枚晶莹、修长、精美的玉针，在初秋的天气里闪闪发光。这个刺激使得黄帝打了个冷战，使得那个玉针随之碎裂，导致嫘祖的头发像刚才逃逸的水那样，垂落下来。

如果不是还有一只象牙梳固守着她头顶上螺壳一样的乌髻，嫘祖就要乱发飞扬了。尽管如此，还是有些长发分成柔和的几绺，散在肩头，以及两三根极细极长的辫子，也散垂下来。涓细的水泼了一地。

象牙梳是五齿的，发明梳子的灵感来自五根手指，但梳子是梳理头发的，固定螺髻并不在行。嫘祖赶紧举起一只手，去保护这枚幸存的梳子，这个动作导致怀里的水瓶"啪"地掉在地上，摔了个粉碎。她的发波流动，日光下反射着亮洁的柔光。

黄帝走上前，手抓向地面，那些水瓶碎片立刻像倒放的磁带一样，恢复合拢，蹦离地面，连同清冽的水一起回到黄帝的手上。他举起来，问："我可以借一口喝吗？"

得到默许之后，黄帝喝完水，注视着嫘祖。黄帝说："是谁捧给我以芳香的酒浆，我就要为谁迷醉不醒。我将为儿女情长，放弃前途功名。我将把追逐的艰辛和成功的荣耀让位给古人和来者，就让我做你手掌无名指上那个陶环。我将甘心蹉跎。"

嫘祖大愣："这个西边来的帅龙真能说，口吐莲花啊。"是啊，人家一生下来就会说话的！

嫘祖恼恨的意思少了，多了些好奇，她看见黄帝穿着貂狐的毛织成的衣裳，上边画着鹿头和扭曲抽象的豹子。黄帝的蔽膝、腰带、鞋子，都是革制的（兽皮去掉毛，叫革）。

黄帝头顶戴一个牛角形压发冠，脑后露出的头发编作蝎尾形棰髻（类似麻花辫子），用五只野猪獠牙制作的骨笄套在棰髻上起固定作用。额头上绕着一圈细长的小细辫子，还有一串绿色石质饰品束额一圈当发带。鬓角也垂着一些细辫。耳外挡着方块的、梯形的耳饰，质料像是细陶。[①]

黄帝的左手腕上套着象牙镯和玉镯，好几只，有宽有细，颜色纷杂，而右腕上是空的。手指戴着红玉的指环，大约是帮助拉弓用的。黄帝的颈下垂着一块玉璜和一条象牙龙，一个青紫一个洁白，还挂着一串獾、狐、鹿、狸、猪、虎的犬齿或门齿，染成黄褐色。总之，黄帝身上都是小零碎，像是旅游景点里兜售小纪念品的，实在有点另类。

嫘祖忍不住笑出声来："你是刚从山洞下来的吗？怎么穿得这么乱七八糟啊？"

---

① 这些都是根据我国西部出土的5000年前的陶制小人像的装束来描写的。

"我穿的这是一套黄土风情，你想听听吗？"

"请讲。"

"我脚下的黄土，即使全是黄的，也会因烧制技巧不同而有红陶、黑陶、白陶、灰陶、彩陶的目感差异。我的鞋袜颜色很深，像是重度烘烧的细泥黑陶，黑如漆、薄如纸，再经打磨，漆黑光亮。我的下裳（前后两片的裙子，当时还没有裤子）颜色稍暗，像是风味独特的印纹红陶，陶色较深，坚固耐用，是贮藏粮食的好罐子。我的麻线上衣颜色稍浅，像是柔顺细腻的网纹白陶，器表光滑，光彩照人。而我的背包颜色内深外浅，并点缀着紫玉饰品，像是兽纹彩陶，上刻有猪纹、狗纹、龙纹、虎纹，气势磅礴，剽悍豪放，象征着我的性格！"

嫘祖愣了半晌，轻轻咬着发梢，这家伙也太能说会道了："照你这么说，那我穿的就是一套青山文化了？"

"愿闻其详。"

"即使全是青山，也会因气候的冷、热、晴、雨而有差异。我的鞋袜颜色很深，像是太行山的松岭，深沉忧郁。我的丝罗裙颜色稍浅，又有点泛白，像漂着冰雪的北漠大青山，阴冷诡谲。上衫绢衣的颜色更浅，像是江南温柔婉转的草坡，清澈明亮。而我的罗纱挎包颜色外深内浅，并且有绮锦的碎花背带，就像是长白山顶的天池，岸边还跑出几头小花鹿，映着云海缥缈的倒影，蹦蹦跳跳，乖巧可爱。"

黄帝惊讶得下巴差点掉地上："我远离西北的苍凉而投在中原低矮的村落里盘旋不前，遇上你这样冰雪聪明的女子，舌头变得跟跟跄跄，柔情让人满面通红……你愿意和我一起分享花开花落吗？从此结为连心伉俪。"

"那，那要先请你把水瓶还给我呀！"

黄帝赶紧把嫘祖汲水的水瓶递给她。

嫘祖"扑哧"一声，笑了："等一下，我头发乱乱的，你先拿一下。"

　　嫘祖把象牙梳子摘下来，交给黄帝，扬起素手，重新盘绕自己的发辫。黄帝看见那白皙的梳柄上还刻有星纹水草，展示了嫘祖的审美情趣。她胳膊上的臂环，则随着胳膊扬动，在阳光下"叮叮"作响。

　　当夜色深沉，晚风像被装在半满的水瓶子里，涌动着绿色的星光，黄帝和嫘祖已经成为春天中幸福的一对，留下咕嘟着嘴的应龙和其余人，独自在水畔数着星星露宿。①

------

① 《史记》载："嫘祖为黄帝正妃，生二子。"《路史》载："黄帝元妃西陵氏曰嫘祖，以其始蚕，故又祀先蚕。"

## 母系氏族的男人们：先入室，再夺权

5000年前黄帝和嫘祖的婚姻形式，比7000年前的郊外野合、"走访婚"又进化了，是一夫一妻相对固定的家庭模式。但要注意的是，这个时候是新郎"嫁"到新娘家，生下的孩子归女方家族所有，孩子和父亲都在女方家当"工蚁"，学者管这个叫作"对偶婚"（类似倒插门）。

同时出现了夫妻合葬的坟墓，标志着个体家庭的成熟（以往都是氏族集体生活，性生活在野合和走访中随意性地解决，并不算结婚）。

但是，结婚以后男子的地位是很差的，倒插门一进来，立刻就要改名，媳妇及其家人可以随便责骂、殴打甚至杀了他，地位跟奴仆一样。媳妇还可以到外边找其他男人，属于一女多夫。这时候仍是母系氏族社会。

虽然叫"对偶婚"，但并不对等，丈夫的地位极低，混得好的，死后可以和媳妇葬在一起，混得不好的，死后还得归葬本氏族。所以，这一时期的夫妻合葬墓还不是主流。丈夫从"嫁"来一直到死，不管创造了多少财富，都没有支配权，也没有所有权。他的遗产，都会被女方家族的兄弟姐妹瓜分掉。

如果生下的孩子是女孩，就留在女方家，长大以后也不离开本家族，等着从外边娶来男人陪她。如果生下的是男孩，就当"工蚁"，跟他爹一起干活，成年以后嫁出去。这就像几千年后人们常说的那句话"嫁出去的姑娘，泼出去的水"，那时是"嫁出去的男孩，泼出去的泥"。

但男性的权利意识已逐渐觉醒，开始与"河东吼狮们"对抗。男子虽然依附于对方的家族，没有独立的经济基础，但毕竟已较为稳定地进入了母系家庭（引"郎"入室），取得一个立足点，由此为父权制的发展打进一个楔子，往后就是夺权的事了。男人提高自己在家庭中的地位，是个漫长的斗争过程。

随着农业工具的发展和深耕的要求，体力更强的男人越来越多地从利润不高的狩猎行业转入利润更高的农业，取代女人成了田间劳作的主体。谁控制着农业，谁就是老大。后来，随着青铜出现，人类社会进入金石并用时代，铸造技术很好地武装了男人，也使女人失去了很多对生产生活的垄断。女人的手再巧，也不如男人的青铜工具巧，女人的心灵手巧在新技术面前越发不具备优势了。而且，男人在长期摸索中也发现，没有男人，是生不出孩子的，于是对女性的生殖崇拜也开始降温了。

人口的发展造成局部地区的资源紧张，使得打架成了常事，这也是男人所擅长的。总之，男人在农业、畜牧业、手工业和打架等方面，日益居于主导地位。男人不想丧失自己创造和经营的财富，而要守住这些财富，关键就是孩子必须归他，姓他的姓，让财产一直在男性血统中传递。

于是，越来越有骨气的男人开始不肯嫁到女方家去，同时女人也不愿意嫁过来，所以男人便采取了抢婚的形式。"婚"字从"昏"，表示晚上行动，就是去抢，夜间便于偷袭。直到汉朝、唐朝时，婚礼都是在晚上举行，而且动静极小，没有热闹的庆祝，这大约也是古代抢婚习俗的遗迹。

抢婚有两种形式：一种是真抢，为此不惜发动战争。如居住在美洲的一些印第安人，为了掠夺妻子，经常发动战争，成群结伙出发，到外部落杀男夺女，占以为妻，这是当地人结婚的重要途径。

另一种是假抢，一般是先议定，再以抢婚的形式完婚。清朝时期有的少数民族去女家迎娶的时候，女家召集亲族列械环卫，等新郎及亲朋好友罩上黑面，乘马持械，鼓吹至女家，双方开始械斗。女方家长率领亲族拿起武器锤击来犯的新郎。新郎单人直取虎穴，径入屋中，夹新娘上马，疾乘而驱走。后边女方父母持械，大呼亲友，一同追赶，实在追不上，"怒而归"。

新娘在途中还"故作坠马状三"——假装三次跳马想逃，新郎夹之上马三次，还要把新娘走过的足迹掩埋，防止其家族追击时发现。等新娘一进门，新郎的虎狼一样的弟弟们，立刻把新娘绊倒，拿绳子捆起来。这哪是结婚啊！这也反映了男子想在家庭中夺取领导地位，是经历了多少艰辛的奋斗啊！

有抢婚，就有抗婚，哭嫁风俗就是抗婚的基本形式，有些还编成哭嫁歌。另一种形式是逃婚，结了婚，女子很快回娘家去，死活不肯再过来。直到生下孩子，有的生子也不归夫家。

除了抢婚以外，男子跟"河东吼狮们"搏斗的另一种办法是买卖婚，要想娶进妻子，必须付出一笔代价，或者金钱，或者粮、布、牛和首饰等财产，谓之聘金、财礼。现代人将"财礼"渐渐演变成了"彩礼"，其数量多少依姑娘的年龄、容貌和生育能力而定。

买卖婚的聘金不限于一次交齐，可几年交毕。买媳妇的钱不够就分期付款，把牛啊羊啊米啊什么的，一年交上一批给女家去，媳妇先领回来。

过去还有的地方结婚，新郎派人去迎娶，新娘闭门拒之。良久，新郎的人把银币从门隙塞进去，大门开了。但是卧室的门还不开（新娘还在里面负隅顽抗）。新郎的人再敲门，再塞银币，门才开了，又磨蹭半天，直到新郎黔驴技穷，荷包空空，新娘才勉勉强强跟着走。这也是买卖婚的遗迹。

"妃"字，有帛匹的意思，说明妻子是买来的财产。

富人能花钱买妻，而穷人就买不起，只能以劳役的形式支付财礼，上门去当女婿，若干年后再将妻子接回来，从夫而居。这种服役婚是半赘婚，是对偶婚的变种。

从女性为婚姻和家庭的主导，到男性为婚姻和家庭的主导，是一个漫长的斗争过程。从前母系社会时，没有夫妻，都是男女分开单个埋葬。后来，到5000年前的黄帝时代，出现了夫妻合葬墓——男子钻到女子的棺材里（棺材就等于一夫一妻的家庭）。这个时候女子仍然是主导，是把男子"娶"进棺材的。但男人已经钻入女方家族，剩下就是如何夺权的事了。

男人的经济地位逐渐在提高，开始抢婚、买婚，逼迫女人嫁过来。女人死后也要葬在男方家族的墓地中。男人在棺材中还要尽量多占一点地方，让旁边的妻子侧身躺着、蜷曲着，以示自己是家庭的主导和主劳力。

最终在距今约4000年前，发生根本性逆转，女人踏踏实实出嫁到男家，围着男人转，生下的孩子也随男家的姓，是男家的财产，给男家传宗接代，财富永远在男家一脉中传递，这就是父系社会了。

男人要求妻子忠诚专一，但自己却可以多娶，体现在夫妻合葬墓中女子从一个变成两个，围着一个男子，而且男子是直挺着身子，女人们都侧弯着。

5000年前的黄帝时代，还是女性为主导的"对偶婚"流行，所以我们可以断定，黄帝不是通过抢婚娶到嫘祖的（更可能是嫘祖抢了他）。黄帝多半是在迁徙中经过安邑，入赘到嫘祖家，听任嫘祖部落的摆布。不过，由于黄帝长着一副龙颜，很快就降服了嫘祖所在的部落，改他们向黄帝俯首听命了。这也并不奇怪，黄帝时代就是男权向女权夺权的过渡时代。

# 黄帝教大家盖房子

这位大美女嫘祖，还发明了养蚕（山西夏县出土了我国5000年前的半枚蚕茧化石，证明嫘祖养蚕的传说多半属实）。于是人们在麻衣的基础上，就有了丝衣。这个技术于4000年后传到了欧洲。

黄帝接下来要营建自己的新房。更早的房子，都不大，半地穴，地上的部分，圆形的有点儿类似小蒙古包，方形的则是四角攒尖的方锥体，且全是单间的，没有家庭。过去即使有大房，也只是村子中央广场上的那一幢，是人们过集体生活，比如开会时用的。每个单间房子的门，都朝向这个大房子，而不是朝着太阳。

当时，人们主要还是住半地穴的坑屋，但有些成功人士则开始建造一撮撮地面式的建筑。结构由单间变成了多间，甚至包括客厅和多间卧室。一般叫"前堂后室"，进门是个大客厅，大约150平方米甚至更大，穿过客厅，后边是三四个卧室，是黄帝、嫘祖及孩子们的住所。客厅左右两边还有小屋子——大约是用人住的。

这些大房子的结构是这样的：地基上竖起四根粗大的木柱，托起屋顶；木柱之间的墙都是木骨泥墙，不结实，不负责承重，只起遮蔽风雨的作用。承重主要靠墙体里的几根柱子。屋檐外伸出很长，需要什么东西支着，所以在屋外往往再设一圈柱子，以支撑屋檐，同时形成檐下散水的檐廊。

黄帝盖房子的过程大致是这样的：

1.平好地基，再铺垫干燥的草泥，其上抹砂浆。墙不是平地起的，而是先在地上挖槽再筑墙。四周挖好墙壁的基槽。

2.开始杀人，5000年前开始出现祭奠房子的人牲[1]，把遗体埋在墙基下面，意喻着墙不怕狂风洪水。如果阔气的话，房基下边也挖坑埋一个人牲。

3.竖立木柱，从前柱子是插栽到坑里的，现在柱子在地面，柱下垫以石头。大木柱的间距是一米三根，中间还有小木柱，都是支撑房顶用的。木柱之间填芦苇，每隔一个手掌宽再绑一横木条（以藤条捆扎），使整个墙壁固结在一起。

4.再次杀人，塞在墙壁里。所杀的都是部落冲突中的俘虏，或者部落内部的自愿者，他们觉得能保住一家人的平安，值得。

5.用草拌泥抹在墙壁内外。墙面再用砂浆抹出美丽光滑的墙皮。

6.用木架搭起屋顶，屋顶是两面坡或三四面坡的，依旧再加草拌泥。这时还没有瓦。

7.内部装修。地面用砂浆抹几层，再用黏土、陶粒、料姜石，烧制成古代水泥，铺在地上，水泥遇到水变成胶结材料，坚硬平整，色泽光亮，呈青黑色，是古代的地板。

8.做方形灶台一到三个，以及挡火的短墙。再做高出地面半米的实心土床。

9.内部同样修墙，隔出客厅和小室。小室每间10到20平方米，里边放上罐、钵、盆、壶、杯、盖、碗、瓮和陶制的纺轮。有的小室不预备住人，是储藏

---

[1] 杀人牲的目的是，向土地神交纳费用，换取该地皮的使用权。不然，针对地面"违章建筑"，土地神就会用地震、地陷、发大水等手段表示不满。

室，瓮里装上粮食，墙根放上石弹丸和石铲、石斧、石刀等，弓箭挂在柱子上。[①]

房子建好后，黄帝和嫘祖就入住了，新婚燕尔。他们那栋崭新的大房子，在丛林的包围下熠熠闪光，这是家庭开始出现的标志。既然生活这么美好，黄帝就在嫘祖家乐不思蜀地住下了。不过，村里的主流还是传统的单间小房子，说明很多人还没有固定的媳妇。

不过不用害怕，这种大房子和小房子之间往往挖沟隔着，把那些臭光棍挡在外面。整个小村的外围也有七八米宽、五六米深的大壕沟，保护着村里的人们。沟的外边是人们玩泥巴制陶的窑场，以及祖先们居住的地方——集体公墓（坟墓都是平的，没有坟头）。

---

① 以上根据西部野外考古资料，即5000年前房屋村落的遗迹。

## 蚩尤与东夷族

　　黄帝时代是母系社会的统治时期，但黄帝凭着他的特殊才能、粗犷的性格和强悍的体魄，很快就降服了嫘祖所在的部落，从女性手中夺了大权。黄帝在山西南部的势力渐大，四处安置自己的亲族，扩大在该地区的影响力。

　　靠着自身的勤奋努力和部族人的无私帮助，黄帝又把打猎的武器改良成能够打人，一有时间就演习，实力迅速激增。黄帝还发明了足球，球里边装上鸡毛，据说是让军队操练用的。不过当时没有专门的军队，只是些蛮汉罢了。[①]

　　接着，黄帝越过太行山，向东迁徙到河北省北部的涿鹿，在温婉的华北平原盘旋不前。在这里，他听说西部神农氏的后代共工氏，跟东方的蚩尤打起来了。

　　东方的山东省是东夷人的天下，以凤鸟为象征。神农氏、黄帝这些西部华夏族，则以龙为图腾，神龙氏是龙首，黄帝也是龙颜。

　　东夷族的很多陶器都像鸟，立鸟扬着脖子，是好看的酒壶（5000年前的山

---

① 据《史记》载："于是轩辕（黄帝）乃习用干戈，以征不享。"刘向《别录》载："蹴鞠，传言黄帝所作，所以练武士知有材也。"

东省已经和我国其他地区一样，开始酿酒，因为粮食多得吃不了）。5000年前的人，还把好的石头琢磨成玉器，东夷人的玉器也多为鸟形。

东夷人崇拜鸟，同时善射（如射日英雄后羿）。古代拆字先生把"夷"拆成"大"和"弓"，就是东夷人善射的写照。他们射击的时候，在箭尾巴上拴上丝线，这样箭是带着丝射出去的，可以回收。倒不是因为东夷人小气，而是顺着丝，容易找到落入乱草丛中的伤鸟。这是古代的GPS（全球定位系统）。同样的办法可以应用在鱼身上，用箭尾的丝绳把中箭的鱼从水里拎出来。

东夷人也喜欢养猪——大汶口坟墓里出土了好多陪葬的猪头。在窑洞周边，还发现了猪的骨头。猪的四个小短腿儿跑不快，没法逐草而居，说明东夷族是文明程度很高的农业民族。

东夷人的文明程度领先于世界，还表现在他们发明和使用了"快轮旋转制陶技术"，做出的陶器表面圆整光滑，而且很薄，比西部的好。东夷人最喜欢做一种薄如蛋壳的黑陶，叫蛋壳陶，壁壳只有一毫米甚至不到一毫米厚，外表漆黑黝亮，还雕刻着竹节、波浪的纹饰。一尺高的蛋壳陶器，却只有一个鸡蛋重，堪称绝世精品。

远古时期，氏族组成部落，部落组成联盟。蚩尤就是东夷地区九个部落的联盟首领，而每个部落又有九个氏族，所以蚩尤有九九八十一个兄弟。他们役龙使豹、呼风唤雨，非常酷，并且他们还喜欢唱歌："断竹、续竹、飞土、逐肉……"意思是他们怎么砍竹子，怎么做成东夷弓，然后把愤怒的子弹，射到进犯者的肚子里去。

他们一边唱还一边吹奏。有的人吹哨子，这是最古老的乐器，陶制的，样子跟现在裁判员吹的哨子差不多。给这个东西加几个孔，就进化成了埙（xūn），吹起来呜呜咽咽的。还有的人吹骨笛，鹰腿做的，上面凿几个孔，跟现在的笛子差不多，区别在于笛身里面还有一个可以推拉的活塞。通常，男人们弹着用弓弦做成的琴，打着石磬（qìng），敲着空心木头，发出"咚咚"

的响声。女人们则伴着节奏，手持羽毛和飘带，做出展翅欲飞的样子，跳起鸟舞，屁股上还拴着牛尾巴。为了增加热闹气氛，还有人拿着石矛去扎肥猪的屁股，肥猪一嗓子一嗓子地嚎叫，听上去非常过瘾，是古代的男高音。

蚩尤站在人群中，看着大伙儿狂欢胡闹。他长得雄伟猛悍，头顶梳一个东夷人的矮发髻，髻上插着玉笄（jī）。额角多余的头发不像西北人那样编成细小的辫子，而是断发披散着，用一条皮质发带箍住——发带从前额缠过耳际，绕扎至脑后，这使他很像一个大侠。他额前的碎发截成弧线形，前垂齐眉，后披齐肩，左右只盖耳，长长的时候，就用铜刀裁去。

蚩尤的耳挡是玉石的小片，有鱼、鸟、龟、猪好几种样子。双手腕、双脚腕套着石环、串珠。右臂上的玉环多达八九枚，右手拿着玉杖，威风凛凛不可侵犯。左臂则空着。他手指上的指环镶嵌着绿松石。蚩尤的脖颈上还挂着一串獾、狐、鹿、狸、虎的犬齿或门齿组成的链子，表示他曾经战胜过这些牙齿的主人。①

这时候中国没有形成国家，所以各地人的发型随心适意，互有不同，但都有一发髻。往北去流行高髻，往南方则多是矮髻。个别懒蛋也是有的，他就不挽髻，但也不至于披散头发，而是像现代女孩那样，梳一根马尾辫，用玉环把马尾辫的根部束起来，叫作束发。但马尾辫根部不在脑后，而在正头顶，高挑着，像日本浪人②那样。马尾辫根部再插一个玉针，针尖朝前，马尾披散脑后，用骨梳略加约束，非常性感。有的女孩不挽髻也不梳马尾辫，而是编一根粗粗的大辫子，盘于头顶，像阿Q那样。

---

① 关于蚩尤的服饰、首饰品的描写，是根据我国西部和东部出土的古人遗骸上的装饰品以及人物小陶像上的衣饰而来的。
② 日本浪人，通常指日本明治时期西南战争后到处流浪居无定所的穷困武士。

# 共工、榆罔被蚩尤碾压

中国文明分成东、西两脉：西部神农氏是华夏族，在陕西的黄土高原上有仰韶文化；东部山东省是东夷族，创造了大汶口文化。他们分别属于大陆文明和沿海文明。他们在各自本土上获得大发展之后，受人口压力的影响，就带着自己地域风格的陶器和文明出发——华夏族从西来，东夷族从东来，向中原挺进。所以我们知道了，中国文明并不是从中原向四周扩散的，而是恰恰相反。

大约在5000年前，蚩尤和共工在中原地区（基本上是河南省）相遇，发生了正面冲突。

共工作为华夏族的一支，迁徙来到中原北部地区，具体说就是河南省北部的辉县。陕西、山西之间大山谷里的黄河横流到辉县这里，就变得非常颓废，失去了前进的目标，在眼前的大平原上不知道下一站该去哪里。它忽上忽下，靠上的时候就向北拐，从北方的天津入海（当时就是那样）；靠下的时候又跑去江苏入海。辉县就是黄河上扬下拐的转折点，像手腕的关节。

由于黄河从辉县起变得放任自流，导致辉县特别爱发大水，共工就住在这里治水。共工长着红头发，蛇的身体，他治水的办法就是使劲堵，从高山取石土，填堵低洼之处。当时都是小部落，没有大集体意识，水利专家共工就喜欢以邻为壑，把洪水都泄到邻居门槛里去，类似向海外倾倒垃圾。①

住共工隔壁的正是山东移民过来的东夷人。共工把水堵得乱七八糟，突然堵不住了，大水一决口，滔滔洪流，冲天荡漾，直奔东夷人的移民区扑来了。东夷人吓得窜出家门，抱着老婆孩子上了树。

东夷族领袖蚩尤得到报告，一看自己的老乡们都退化到树顶巢居状态了，大怒，恨透了陕西来的这帮共工氏移民。再加上争夺中原肥美的土壤、水源，两家积累了大量宿怨。蚩尤决定教训一下共工，准确地说，是把共工势力彻底驱逐出去。蚩尤整顿部落勇士，拿起石斧、弓箭，与共工一方展开了交战。

共工治大水还行，打仗则完全不在行，被勇猛的蚩尤揍得头破血流，腰眼中箭，败退西走。蚩尤乘胜追击，尽占九隅之地，将河南大部分地区划为了东夷人的势力范围。

共工不服气，带着男女老少撤到西边老家的方向，想找人拉援兵。作为神农氏的后裔，共工有很多知名度高的亲戚，其中之一就是榆罔（wǎng）——神农氏的八世孙②。如今神农世衰，他也离开老家西部的陕西渭河平原，来中原发展了，在河南中西部。

榆罔很有艺术细胞，他最爱干的事儿就是端着竹筒或蚌壳，里边盛着加水调好的不同颜色的矿物颜料，拿鸡毛笔蘸之，在陶器上作画。榆罔最喜欢的是临摹古代彩陶：一只肥润丰满的鹳鸟，瞪着吃惊的眼睛，嘴里叼着一尾大鱼，站在石斧旁边，样子非常生动幽默。旁边还有画家的题词，是50多个准文字，用小锥子刻上去的，谁也看不懂。榆罔经常临摹这些古代作品，画好了，就叫

---

① 《国语》载："昔共工弃此道也，虞于湛乐，淫失其身，欲壅防百川，堕高堙庳，以害天下。"《淮南子》载："共工振滔洪水以薄空桑。"
② 《庄子·盗跖·释文》载："神农之后，第八世帝曰榆罔。"

人放进陶窑里去烧。烧出来，一看又不好，就毁掉再画。

这一天，榆罔正在高高兴兴地构思艺术，怒气冲冲的共工冲进来："大哥，大哥！我被人欺负，挨打了！"

榆罔慌忙放下鸡毛笔，问："共工贤弟，谁欺负你了？"

共工的脑袋上都是紫包，眼珠血红，说："有一帮来路不明的妖精，打得我腰眼中箭。最可怕的是，他们的箭头都是铜做的，而咱们的都是石头的。他们从哪里弄来那么多铜啊？咱们的铜可舍不得做成箭尖，乱射出去，那得浪费多少铜啊！"

"可我这里连石箭头都少，很多是兽骨箭头，还不如你呢！"榆罔说。

兽骨做的箭头，杀伤力最小，形制短粗，射上去创面小。石箭头是三棱形或四棱形，形制细长，创面大，放血多。而青铜箭头的尾巴上有倒钩，射进去再拔下来，能带出好大一块肉，穿透力最强。

榆罔身为神农氏的掌门人，不能不管老哥们共工，不论敌人使用的是石箭头、骨箭头还是铜箭头，都得上。于是他扔下画笔，硬着头皮与山东来的东夷部落正面交锋。

山东人和陕西人打起来了。

二者其实都是外来户，是跑到中原谋生活、争地盘的。山东东夷和陕西华夏在中原的这场战斗，属于移民和移民之间打。

作战的时候，蚩尤的战士全身披着整张牛皮，像斗篷一样覆在身上，揉制处理后的皮子比活牛的皮还结实，这就使得榆罔、共工的石箭头没有了用武之地，射上去难以致命。牛头则做成头盔戴在头上，或者在头顶的牛角上加青铜的锥套，远远望去牛首人身。打斗时，他们就以牛角刺人，煞是厉害。①

在许多汉代画像石上，蚩尤被画成四目、八肱、八趾，手里还捏着青铜的

---

① 现在河北省仍有头戴牛角而相抵的摔跤运动，叫作"蚩尤戏"，又称"角抵戏"。

剑、戟。这些防护使得蚩尤几乎刀枪不入，占尽了进攻和防御的绝对优势，又兼以东夷人的刚猛彪悍，挥舞着石斧、木棒的陕西人被扎得浑身冒血。榆罔、共工接连战败，向北逃遁。蚩尤进一步把中原土地捡入囊中。

牛皮衣服叫甲，青铜头盔叫胄，如此甲胄俱全，蚩尤成了我国历史上最早的军装发明者，兵家始祖，后来号为"战神"。一直延续到秦汉时期，都是这种牛皮甲胄的军装，只不过后来衣甲改进成了以丝绳将小块牛皮连缀起来，更加灵活。

为了管好山东来的移民，蚩尤还首创了"五刑"，拟定了中国最早的法律，对打砸抢分子使用割鼻子、砍臭脚、脸上刻字的刑罚。不过，这也没什么可骄傲的，这时候的西方，两河流域和埃及早就有了完备的成文法，用楔形文字和象形文字书写，而我国还没有文字。

## 黄帝的秘密武器——战鼓、指南车

西风晚凉，衰草瑟瑟。黄帝定居在河北省涿鹿县桑干河南岸，即北京西边近200公里处，去张家口的路上。这里地靠偏北，即便到秦汉时代也算是边塞地区，不知黄帝为什么要待在这里，大约他的熊、虎、狼、罴更喜欢凉快一点儿的地方吧。

神农氏（即炎帝）的嫡系后裔榆罔陪着共工在中原挨打，地盘尽失。他们实在是没办法，就北遁抵达涿鹿地区，亲自找黄帝来帮忙。[①]蚩尤领着部落跟踪追击，北上千里。

黄帝与蚩尤互相闻名，未曾谋面，就像网友一样。黄帝对蚩尤充满了好奇，很想过去会一会他，就带着部落战士出发了。

我们来谈谈黄帝的装备。

黄帝这时候，下地干活还都是石铲、石镰、石斧、石耜，打仗就用石斧，

---

① 《庄子·盗跖·释文》载："神农之后，第八帝曰榆罔。世蚩尤氏强，与榆罔争王，逐榆罔。榆罔与黄帝合谋，击杀蚩尤。"

是黄帝的主战武器。①石斧巨大的重量保证了它即使不够锋利，击中对手后一样能取其性命，但使用者需要有把子蛮力气。历史上使斧子出名的多是些大老粗，如李逵、程咬金等。斧头与斧柄的牢固性至关重要，从前的石斧是把木棍顶上楔个缝，把斧头夹进去，外用绳子缚紧，打仗一兴奋，斧头没准就被抡掉了。黄帝时代做了改进，斧头上钻了孔，把绳子穿孔过去再束缚于柄上，就稳当多了。这种石斧后来演化成商周时代的戈。

黄帝也有远射武器，出土文物中有陶弹丸——供弹弓发射用的，打鸟可以，打人打不死。黄帝用的是古代手榴弹，就是把木棒、竹竿上端劈开一条小裂缝，夹以石块，甩臂投掷，可投50余米，不算远。

想轰击得更远一点儿就用石球。人们挥舞绳子，把绳子末端皮套中的石球（可以是一个，也可以是两个或三个）抛掷出去，称之为流星索。如今的南美洲人打架，还用这个呢。出土文物中常有这种球，像体育课上的小铅球似的。石球虽好，一次却携带不了几枚，难以持续有效地轰击，一会儿就没子弹了。所以石球只用于扼守要塞，或者用于野战开战初期。而且抡绳子的方向性差，砸着砸不着敌人都没准儿，所以开战初期它只用作火力铺垫。

近身肉搏才是黄帝时代的主打方式，这样战斗能够持续进行下去。战斗的激烈程度及残酷性可想而知，石斧能把人砍得翻出白花花的肉和红殷殷的血。

还有一些武器我们没有把握是否在黄帝行伍中使用，比如流行锤，就是石球上系有绳索，使用时连石球带绳索一起抛出。左臂上绕几圈绳子，右手提石球，飞掷打击敌人后，还能把石球收回继续用。最厉害的是三球流星锤，绳子一端系两个大球，另一端系一个小球，拿住小球，将另外两球在头顶上甩圈，旋转着飞向锁定的目标。三球连发，瞄得不准也能杀伤敌人——扫击面积大

---

① 骨矛或石矛不是主要兵器，这是考古学上的结论。后来夏商周最先流行起来的青铜武器是戈而不是矛，也佐证了这一点。

啊，而且绳索还能绊缚敌人。

对比上节描述的蚩尤的装备来说，黄帝的装备明显处于劣势，但是他发明了战鼓。

据《山海经》记载，黄帝捕杀了一只珍稀动物——夔（kuí）。这种动物的珍奇之处在于，它只有一只脚，长得像牛，每次出现必刮风下雨。它身上还闪耀着光芒，似日光和月光，它的吼声和雷声一样震耳欲聋。黄帝剥了夔的皮，蒙在一个细高的陶罐子口上（直腹平底，半米多高），做成陶鼓。

黄帝又抓了另外一种珍稀动物——雷兽，用雷兽的大腿骨做成鼓槌，在夔鼓上一敲，鼓声响彻500里之外。

虽然有鼓，但打起仗来还是各自为战，看谁胳膊腿粗力气大，互相揪打，不讲究队列阵势和长短武器协作。敲鼓只是为了助兴。到了2500年后的春秋战国，战鼓指挥下的作战才变得成熟。

战国兵书《尉缭子》记载：击鼓一鼓前进，再鼓攻击；一步一鼓，慢进；十步一鼓，快进；鼓声不绝，跑步前进。鼓调也不一样，分宫、商、角（jué）、徵（zhǐ）、羽，即古乐五音。五音都有相对应之物，"宫为君，商为臣，角为民，徵为事，羽为物"，听谁指挥不要听错了。打仗像是搞一场开幕式表演，需要提前操练。当士兵得有音乐细胞。

拉车的马也是从西方传来的，这时候中国还没有驯服的马。牛、马都不干活，也不打仗，像猪一样长膘待宰。黄帝所处的时代已经有车了，但是以人力牵挽轮轴而行的。没有必要让人拉着车上战场，所以当时没有战车。

然而，传说黄帝发明了一个能指引方向的仪器——指南车：一个木人安装在车上，伸手指向南方。"车虽回运而手常指南。"不管车子怎么拐弯，木人的手始终指向指南车出发时设置它指示的方向。

这在理论上不是不可能。我们知道，车子转弯时，外车轮的行程大于内车轮行程，这一微小差异被一套差动齿轮记录下来。经过一系列齿轮传动作用，拧动木人的胳膊，矫正由于车子转向给它带来的指向变化。于是，不管车子怎么转，木人的手总指向最初启动时的方位。

但我们也知道，如果两个车轮不是绝对的同等大小，在转弯时就会与计算值发生误差，齿轮把这些误差一再放大，多转几次弯再一积累，指南车就不知道指到哪儿去了。而想把两个车轮做成绝对等大、等圆，这对于黄帝时代是一个巨大挑战。在没有金属的情况下，齿轮技术是没有产生的前提的。所以，5000年前黄帝时代的指南车，是史料上的错误记载。

# "战神"蚩尤为何魂断涿鹿之战

黄帝带着部落的人，纠合榆罔的部落一起，在一阵火力准备之后，向东夷族发起猛攻。作为北方游牧民族中的古老部落，黄帝的远程武器优良，那猛烈的石球轰击、弓箭攒射，打得蚩尤一方头破血流。接着黄帝放出虎、豹、熊、罴，配合几千名战士，伴着夔鼓的轰鸣，向蚩尤冲击。然而一到近距离交涉，东夷族含铜量很高的武器装备就开始发挥优势了。

蚩尤身先士卒，率领铜头铁额的弟兄81人，进如锋矢，战如雷霆。他们身披牛皮，猫腰前冲，以头顶的牛角集结成十数人一组，猛冲黄帝，以牛角触人，煞是厉害，简直是古代坦克。黄帝之卒不能相向，行伍大乱，纷纷披靡。熊、豹也没见过这疯牛犄角阵，都惊了，张开大口猛啃东夷人。虎背熊腰、血胆鹰扬的东夷战士，在呼啸冲杀之中，奋勇逞强，狠剁黄帝一方的人头，到处是流血，到处是哀号。

黄帝被打得落花流水，老虎也嗷嗷直叫。黄帝很快意识到自己发动的是一场山猫对老虎的进攻。盟友榆罔看看形势不好，早就惧怕蚩尤的他和部下，都成了惊弓之鸟，干脆率先撤出战斗，带头溃退。黄帝也不再犹豫，抛弃上千具挣扎呻吟的伤员，奔命而去，留下老虎们在战场上饱餐死尸。

蚩尤乘胜追击，攻势雄劲，不断给黄帝、榆罔以重创。黄帝大跌面子，不敢硬碰硬地大决战了，决定主动后退，诱敌深入，等蚩尤实力削弱后再寻找战机。

蚩尤毕竟是离开中原，北上追来交战的。当时的物力水平和运输能力远远不足以支持远程作战，蚩尤做了那个时代所难以做的事。华北平原森林蔽野，鸟兽横行，蚩尤孤军深入1000里到河北地区，远离山东、河南，失去补给接应。但他坚持长途跋涉，一路多次击破黄帝，总计九战九胜。

黄帝退至涿鹿大本营（北京以西至张家口一段）固守，应龙前来献策。应龙从小跟黄帝一起长大，具有神异能力，能驱动地面的流水。应龙说："我们筑堤蓄水，再决堤放水，足以把蚩尤营地没为汪洋！"

黄帝觉得这个馊主意很好，就派应龙带领一拨工程队在灵山河谷，垒石为坝，截取灵山河水，秘密蓄积水位。工程才做一半，蚩尤请来了风伯、雨师，施展法术。只见晴天一声霹雳，乌云密布，狂风骤起，天昏地暗，暴雨如注，天地不辨。大坝一下子决堤了，洪水以排山倒海之势，呼啸飞崩，裂岩荡崖，直冲应龙，顺势淹向了涿鹿地区的黄帝大本营，把黄帝的队伍泡在水里，自相践踏，哭天叫地。

黄帝泡得受不了了，赶紧动用自己的神异功能，通过祭祀祈求，从天上请来一位很危险的神祇——女魃（bá）。女魃长得外丑内憨，穿着青色衣服，眼睛水汪汪的，牙齿不是很龅，身高1.85米，跑得有点儿快，脑袋顶上是秃的，那是烈日炙烤的缘故。因为长得丑，老找不到对象，女魃的脾气非常火爆，所到之处立刻大旱。她一到涿鹿，雨水顿时止住，积水很快蒸发，把黄帝的人从泽国里打捞了出来。①

---

① 《山海经》载："蚩尤作兵伐黄帝，黄帝乃令应龙攻之冀州之野。应龙蓄水，蚩尤请风伯、雨师纵大风雨。黄帝乃下天女曰魃，雨止，遂杀蚩尤。"

女魃完成使命之后，却因为能量消耗巨大，上不去天了，从此留在人间为虐，成了旱魃。她跑到哪儿哪儿就土地龟裂，庄稼渴死，人们就修庙求她。她如果不开恩，人们就表演"斩旱魃"的戏吓唬她，方才奏效。后来女魃在人们的劝说下去了河西走廊一带定居，导致当地沙漠化严重。但她时常跑回北方捣乱，要有巫师喊"神北行"，她才不情愿地回去。

黄帝请外援上了瘾，王母娘娘跑来送给他兵法，教他以引兵布阵取代无组织的械斗。经过这次传授，黄帝深有体会，知道打仗不是他所理解的揪头发、挖眼睛、使劲拿脚踹了。另一位漂亮女神——玄女，也跟黄帝相好，授给他兵信神符，可以调动天兵天将的。这些传说虽然荒诞，但也说明黄帝确实得到了地方部落的支持和帮助。

与此同时，蚩尤的伤亡损耗得不到补充，行动逐渐困难。他站在异乡一处高坡之上，旷野涌起于他的脚下，附近都是对他不友好的陌生部落。这里环境生疏、气候不适、语言不通、敌情不明、粮食缺乏、武器残损，蚩尤陷入消极被动与疲劳之中。反之，黄帝则得到根据地人民和附近部落的补给，以精干壮年替代缺胳膊少腿者，凭借筑有城垣的小型城邑和壕沟来消耗蚩尤。

蚩尤面对斗志高昂的黄帝一族，明显转为劣势，在黄帝的地盘落得四面楚歌。最后的决战在一个狂风大作、黄沙蔽天的环境下进行。山谷迷雾使得蚩尤不辨东西，黄帝则熟悉地形，利用传说中的指南车指示方向，率领熊、罴、狼、豹，向蚩尤部落发起进攻，一举将其击溃，蚩尤力竭被擒。

蚩尤被押到黄帝军中夔鼓下（这是行刑杀人的地方。军中的鼓是全军注意力所在，有犯人就在此施斩，警戒军众），黄帝命应龙用大斧子砍掉了蚩尤的头。

蚩尤被斩后，为了预防他变成妖精，在地下造反，黄帝就把他的尸身肢解，分处安葬，所以今天山东郓城、山东巨鹿县、河北成安、山西解州都有蚩尤冢。

按照习俗，男性的棺材里要放刀、匕首、弓箭、矛，使其在另一个世界中也常备不懈。但黄帝肯定没给蚩尤坟里放这些。东夷人有在死者口内放玉的习俗，估计蚩尤口中含玉（这一习俗后来扩展到全国）。

黄帝把蚩尤的头葬在了最远的山西省解州镇，在黄河大拐弯处。后来，此地出了一个"战神"——三国蜀汉名将关羽。这里还有许多大盐池，盐池水色泽殷红，被老乡们呼为"蚩尤血"。战国著名商人猗（yī）顿，开采和销售这里的池盐，成了与陶朱公齐名的巨富。山西南部在接下来的2000年中富甲一方。

蚩尤被杀于夔鼓下，东夷族仍尊他为英雄。后来齐国人祭祀蚩尤，称之为"兵主"。刘邦起事前也祭祀蚩尤，以求打仗成功。蚩尤的影响甚至传到美洲，一些贝雕、石雕上的人像画，被理解成中国的蚩尤，随着东夷人穿越白令海峡来到这里。

自涿鹿战争后，黄帝一时声威大振，野心膨胀，开始同室操戈，乘战胜之余，向同为华夏族的战斗盟友榆罔动手。他们决战于阪泉之野，地点仍在涿鹿附近（河北怀来县东56里）。榆罔不堪一击，三战三败之后，逃遁到湖北东部地区，隐姓埋名度日。这个地方后来被叫作神农架。

黄帝打跑了神农氏嫡系榆罔，随后派应龙渡过黄河，南下与神农氏其他后裔争夺中原，主要针对共工一族。共工有一个曾孙子，非常知名，耳朵上挂着两条黄蛇当耳环，就是大名鼎鼎的夸父。[1]夸父是个巨人，倔强不屈，带领部落与应龙激战。应龙攻势凌厉，又具有半神性质，在中原频频得手，夸父的地盘日缩。夸父不忍看着全族覆灭，就组织突围，向西部黄土高原转移。夸父让族人在前面跑，自己断后，浴血奋战，在进入黄土高原的咽喉地区函谷关时，被应龙射杀。夸父长啸一声，仰面倒下，血溅巨石。夸父的部属，纷纷战死，血染300里夸父山（今河南灵宝市）。

---

[1] 《山海经》载："珥两黄蛇，把两黄蛇，名曰夸父。"

应龙经过一番苦斗，也因为能量消耗太大，回不了天上，就去了南方定居，导致南方多雨。①

在神话中，夸父被他的战胜者们丑化为了不自量力者：夸父要跟太阳赛跑，结果还真能跑，终于在函谷关一带追上了太阳。但夸父跑太猛了，一不小心冲进太阳里边了。热坏了的夸父赶紧从太阳里出来，渴得要命，喝干了渭水和黄河（在函谷关北交汇），还想喝，就往北跑，想找一个大湖，结果没走多远，就一趴不起，累渴而死。夸父临死时把手杖插到土里，手杖生根发芽，繁衍出300里繁花似锦的桃林，被人们叫作"桃林塞"，位置就在赫赫有名的函谷关。②

夸父在西方神话中还找到了他的"表哥"，叫伊卡洛斯。这人用蜡将羽毛粘在胳膊上，朝着太阳飞，结果飞得太近，蜡被太阳烤化，变成一只脱了毛的鸡，掉在大海里，淹死了。

---

① 《山海经》载："应龙已杀蚩尤，又杀夸父，乃去南方处之，故南方多雨。"
② 《山海经》载："夸父之山，北有桃林，广三百里也。"

## 黄帝铸鼎，乘龙升天

"天下有顺者，从而征之，平者去之，披山通道，未尝宁居。"这是黄帝在战败蚩尤、榆罔后的写照。司马迁说黄帝的辖区东到大海，西到甘肃，南至湖南，北抵河北涿鹿。不过，黄帝的影响力绝对达不到泽被天下、巨细靡遗的地步，肯定有很多部落不知道黄帝是谁，内心不服气。其中有一个叫刑天的家伙，非要跟黄帝争第一，领着自己的部落跟黄帝打，却寡不敌众，被黄帝捉住斩首。刑天的尸身不倒，血柱冲天，仍不甘屈服，以两乳为目，以肚脐当嘴，挥舞着盾牌和斧子，还要跟黄帝继续战斗。陶渊明所谓"刑天舞干戚，猛志固常在"，就是夸赞他的。

不管怎样，黄帝运用自己的文韬武略，笼络住了河北、河南以及山西南部各部落。而蚩尤的嫡系部落，则被黄帝驱遣到河南西南部，叫作"三苗"，后来成了华夏族的劲敌。黄帝之后的尧、舜、禹时期，多次讨伐三苗部落，说"三苗之君，习蚩尤之恶"，犯老辈蚩尤的错误，该死！经过惊天动地的长期战争，三苗才逐渐衰微，向湖南、湖北、江西地区迁徙，最后退至我国大西南。

黄帝命仓颉（jié）造字。①西方的文字主要为了记载土地经济事务，而中国文字却是为了占卜祭祀，以及与鬼（即部落的祖先）沟通。各部落都有自己特色的文字，也都有自己祭祀的鬼（即该部落的祖先）。仓颉颁布了新文字，要求各部落传达使用，不再用自己的文字祭祖。结果，各部落的鬼一下子就慌了，他们看不懂子孙后代写的新文字，失去了与后人的联系，成了无人祭祀送饭的饿鬼，于是鬼们半夜哭号。

天上还下起了粟子雨，这是子孙后代祭祀给祖先们的粮食，因为新字体到天堂后无人认识，天堂邮政局的工作人员就把这些粟米都退回来了。

闹了一阵子之后，懂得新文字的人死了，变成了鬼，到天堂跟本部落的老鬼一解释，组织他们学习新文字，于是"天雨粟、鬼夜哭"的离奇现象就没有了。

仓颉造字是中国古代神话传说之一。5000年前的黄帝时代，还没有汉字，也没有甲骨文。当时只有个别陶器和极少的用于占卜的骨头上，刻了少量的初级符号。比如一、二、三、四，或者山、日、羊、王，等等，都是单个的字，读不出整体的意思，只是文字的雏形。

黄帝晚年的时候，涿鹿地区出现一些神异现象：一团赤气中有两个发光的不明飞行物，另一团青气中还有一个。这三个发光点呈黄颜色，黄帝把它们当作祥瑞的标志。最奇特的是，他的庭院里长出一根"屈轶之草"，一旦邪佞之人来了，草就指着他，所以心怀不轨的部落领导都不敢进门。凤凰跑到他的庭院里叫唤，麒麟也跑进他的菜园子起舞，还有像羊那么大的大蚂蚁，像彩虹那么粗的大蚯蚓，都跑来向他预兆吉祥。②

这些祥瑞使得黄帝有了出世之想，认为天神在召唤他。于是黄帝来到山东泰山，想解脱尘世烦恼，长生不死。黄帝穿着自己设计的龙衮之服，带着各部

---

① 据《淮南子》记载。
② 据《宋书·符瑞志》记载。

落领导，在泰山脚下吃了三个月的素。然后，蚩尤的后人给他开道，已经投降了的风伯给他扫地，雨师洒道。虎狼在前，鬼神在后，腾蛇伏地，凤凰覆上，大家一起高奏《清角》（有德之人才能听的顶级古典音乐），向山顶登去。[①]到了山顶，黄帝举行封禅仪式，拜祭四岳五方诸神灵，燃香烛，告天曰："我黄帝承天得助，地利人和，一统万邦，今登大山观日，报告天下太平，祈求上帝[②]收纳。"

但是上帝并没有出现，黄帝也没有在天使的引导下升上天堂。黄帝苦苦思索，也许是山东这个地方是东夷势力区，野心不死的异己分子多，上帝不敢来。后来，黄帝在专业人员的指点下，去了中原的黄河大拐弯处，于荆山之下（河南北部灵宝地区，函谷关一带，夸父死的地方）炼铜铸鼎，这个鼎能起到跟上帝沟通的作用。

鼎的创意来自煮小米。中国人煮小米粥吃，一煮就是几千年，煮米的锅也就上升成了国家权力的象征——鼎。

具体过程是这样的：煮小米的陶罐作为炊具，架在火塘上，下面必须用陶支子或三块石头垫起来，填入柴火，才能炊煮。后来人们通过观察孕妇，把陶罐下面捏出三个袋状的足，叫作"鬲（gé）"，可以自己把自己支起来，下边添柴。鬲的袋足浑圆饱满，蕴蓄着奔放的情感，有女性的曲线美，是煮饭的工具，也是人们崇拜的对象。袋足的缺点是，煮完饭以后，干粥渍在袋底出不来，不好刷锅，并且浪费粮食。于是，5000年前的人，把鬲的三个袋足变成三个实心的脚，也就是鼎，成为完美无瑕的煮饭之具了。质地是陶的。

黄帝想超越他的时代，做出一个青铜的鼎来，以象征自己的铁饭碗万年不坏，并且取悦于上帝，用漂亮的鼎炖肉献给上帝吃。然而，并不是有了青铜就

---

① 《韩非子·十过篇》载："昔者，黄帝合鬼神于泰山，蚩尤居前，风伯进扫，雨师洒道。"

② "上帝"这个词，在很古老的《尚书》里就有了。

可以铸鼎。铸鼎需要几百人多工序合作，使用木炭和皮囊鼓风，分部件铸造，所需的技术在铜石并用时代是不具备的。不过，汉朝的方术士在忽悠汉武帝的时候说："黄帝还是铸出他那个鼎来了，而且是三个，分别象征着天、地、人，鼎的四周雕刻有腾云的龙。"

黄帝有了鼎，再次来到荆山之下，举行祭拜天神活动。汉朝方术士忽悠汉武帝时说：这次黄帝的祭神活动非常成功，活动进行中途忽有大龙降临，一根龙髯从云彩里垂下，迎接黄帝。黄帝抓住龙髯一下子就飞到龙脊背上，骑住大龙。旁边的群臣、妻妾以及民众70余人，纷纷跟着黄帝爬上龙背。一些没爬上去的人，使劲揪龙胡子。龙被揪急了，一甩脖子，一帮人全坐了个屁股蹲摔到山坡上。大家仰望着黄帝骑着大龙，越走越远，终于不见了。人们抱头痛哭，黄帝实现了长命不死、羽化成仙的美梦，大家还得继续当人。

黄帝上天时有一个大臣陪着，叫容成子，此人从天地万物的本源中获取精髓，使心性空虚，达到了不老不死的境界，即所谓的"守生养气"。他的头发白了能变黑，牙齿脱落可出新牙。黄帝仰慕容成子的道术，据说为了迎接他的造访，竟然要"造五城十二楼，以候神人即访"。奇怪的是，这个老神仙在2000年后又重返地球，辅助周穆王，还当了老子的老师。

三

尧风舜雨：
禅让的历史迷雾

## 颛顼继位：绝地天通，收回祭祀权

由于黄帝活的年头太长了，110岁[1]，结果他的25个儿子全都先他而死，不得不让孙子来继承首领之位。在黄帝的孙子当中，颛顼（zhuān xū，高阳氏）的秉性最出众，沉静有谋、才通鬼神，是最理想的接班人。但共工家族经过多年努力恢复了元气，认为自己是神农氏的嫡系，比黄帝、颛顼这一偏支来得正宗，理应当华夏族首领，于是两个家族狠狠地打了一架。

结果，共工再次战败，气得要死，一怒之下撞断了不周山（即甘肃的祁连山）。支撑着天的大柱子折断了，天向西北方向倾斜，太阳、月亮和星星也身不由己地朝低斜的西天滑去，成就了我们今天所看见的日月星辰的运行线路。同时，拴着地的大绳子也崩断了，地向东南方向塌陷，成就了我们今天所看见的西北高、东南低的地势，以及江河东流的情景。[2]

---

[1] 据《帝王世纪》。

[2] 据《淮南子·天文训》载："昔者，共工与颛顼争为帝，怒而触不周之山，天柱折，地维绝。天倾西北，故日月星辰移焉；地不满东南，故水潦尘埃归焉。"《淮南子》记载的这段神话故事，就是中国非常有名的"共工怒触不周山"，又名共工触山，与女娲补天、后羿射日、嫦娥奔月并称中国古代著名的四大神话。

　　颛顼战胜共工，当上了部落联盟首领，定都河南省北部的濮阳地区。颛顼是位改革家、制度创新者。为了维护部落联盟的稳定，把华夏各个部落牢固地捏合起来，颛顼投入了巨大的热情和精力，设计了一套行之有效的礼乐祭祀和等级制度，来管理人们，抬高自己作为领导者的神圣而崇高的地位。

　　大规模的宗教改革开始了。从前，每个人都可以祭祀上帝，每个部落都有巫师联络祖先，这怎么能行？于是颛顼以"分族祭祀缺少诚意，神明失去威严，一切乱了套"为借口，收回了各部落各自祭祀天地的权力，只有他和他的两位助手——重、黎，才有资格与天神沟通，通过祭祀聆听上天旨意。

　　这就是所谓的"绝地天通"。颛顼通过祭祀专属权，成了上帝的代言人，从而也就获得了对别的部落发号施令的特权。颛顼打仗没黄帝厉害，但是脑子更好用，成了部落联盟的精神领袖。

　　那么，颛顼如何与上帝交往呢？首先颛顼要选择人群之中像他那样具备异常禀赋的人。这些人的特征是：生而灵异、懂历史、懂诗歌、懂音乐、会跳舞、嗓门大、善主持，西方叫作祭司，中国叫作巫觋（wū xí，女的叫巫，男的叫觋）。

　　巫觋通天地、通神人，光靠自己不行，还需要借助一些动物。西方的巫婆喜欢与猫合作，骑着猫当马在灵界走。中国的巫觋则以九条蛇、八条蟒、小老虎、大野狼等动物为助手，把它们的精灵呼唤出来，助自己以一臂之力。巫觋召唤这些动物的方式，就是把它们宰了，使其精灵自躯体中升华出来，而躯壳则变成供祭的祭品，也就是祭坛上的牺牲[①]。

　　还有些特殊的动物是人们想象出来的，不仅样子古怪，名字都不好念，比如龙啊，夔啊，饕餮（tāo tiè）啊，现实中捕杀不到，但使用效果很好。于是精于雕刻的巫觋把它们刻画在玉器、陶器和后来的青铜礼器（比如鼎）上，使得

---

① 牺牲，是指祭祀时被杀的动物或人，牛羊就叫"畜牲"，人就叫"人牲"。

这些祭祀的礼器也具备了通天作用。后来，巫觋还在祭祀器皿上草创文字，是鬼神才能看懂的符号。

通常，祭祀通神表演都在祭坛旁进行。祭坛外圆内方，直径一般十多米，周围有墙（圆），中间是大方土墩（方），象征着天圆地方。巫觋们在土墩顶上架柴放火，袅袅青烟直上云天，过一会儿他们就会顺着这烟的天梯上去找天神面洽。被杀掉的动物的灵魂也准备好了，整装待发，它们的遗体则装在祭器里，是献给天神吃的牺牲。必要的情况下也会杀人，仪式结束后，与动物一起埋在旁边的祭坑里，是送给天神的勤杂工。

法器是必不可少的，当时人们雕琢出的精美的玉器，玉璧、玉琮（cóng）、玉钺（yuè）等都是神职人员的礼器，还有玉制的斧、刀、矛，是巫觋上路以后防身用的，以及带有神人头像的玉器和陶塑，雕刻手法夸张，生动传神，当时是天神的人间形象，现在都成了艺术佳作。

仪式开始，巫觋摇铃，旁边陶埙、骨哨、骨笛、响球纷繁轰鸣，音乐齐奏，这是在送巫觋上路。很快，巫觋像吃了摇头丸那般，随音乐剧烈摇头，进入一种精神极度亢奋而近乎昏迷的状态。为了呈现登天过程并取悦鬼神，巫觋一边在想象中的登天路上走，一边还扭捏跳跃翻腾狂叫，挥动玉石法器，很像羊角风发作时的症状。最终巫觋得以与天神相见，邀请天神来享用准备好的牺牲，嘴里还胡乱念念有声，向天神提出祈求。在整个与天神接触的过程中，巫觋为了增加神秘感，往往还会佩戴面具，树皮或羊皮的。

通过祭祀表演、上天沟通以及用牺牲满足神的肚子，人与神的关系稳固了，人放心了，神也满意了，可以风调雨顺了。并且我们看得出来，舞蹈、雕塑、绘画、音乐等艺术形式，都是伴随着巫教文明而发展的。

巫觋的模样现在还能看得到，在一些出土的玉器表面就留有这些神职人员的雕像：横额、圆目、宽鼻、阔口，双手叉腰，全身饰满饕餮纹，一望便知是一位宗教大巫。

颛顼通过在祭坛上主持节目、联络神人感情，从而获得人们的顶礼膜拜和顺从，不断加强自己的统治力。后来颛顼生了三个儿子，传说都夭折变成了疫鬼：一个居江水，称为疟（nüè）鬼；一个居若水，称为魍魉（wǎng liǎng）鬼；一个居宫室，专门惊吓小孩，称为小儿鬼。鬼也好，神也好，当时万物都有灵，鬼神很多，各自主宰某一世物，颛顼的儿子们全部加入鬼神的行列，成了人们讨好的对象之一。

以颛顼为首的巫觋们，很善于占卜，这是他们标榜宗教神力、巩固统治的一个重要手段。占卜，就是上帝、鬼神的意志传达给人的过程。

巫觋们在占卜实践中发现，于各种骨头当中，乌龟的骨头（即乌龟背上的壳）作为上帝及其他鬼神的信息投射载体，最灵验、效果最佳。于是乌龟壳脱颖而出，越来越受到人们的青睐，这也为甲骨文的诞生打下了基础。

# 尧重用后羿，诛杀东夷豪族

颛顼借助宗教感召力把人心离散的部落结合成巨大的社会团体，并且树立了自身不可替代的神圣地位。颛顼在位78年后，以98岁高龄驾崩了。由于他的三个儿子全部夭折，只好由出生之时就能自言其名的侄子高辛即位，是为帝喾（kù）。

帝喾15岁开始辅佐颛顼，30岁接班，敬事鬼神、顺从天意，执行着与叔叔相同的政策，处理事务公平而不偏颇，深受百姓爱戴。

传说帝喾有四个妃子，一个比一个贪玩，但生下的儿子却个个不凡。正妃姜嫄（yuán），生了个儿子叫后稷（jì），也就是周朝的始祖。次妃简狄（dí），生子名契（xiè），契的后代汤建立了商朝。三妃庆都，生下的儿子叫尧（yáo），即三皇五帝中五帝之一。四妃常仪，先生一女叫帝女，后生一子叫挚（zhì）。

挚作为帝喾的长子，继任了部落联盟首领的帝位。挚在位九年，才干平庸，不能妥善治理国家，就主动让位给仁义如天、智慧如神的弟弟尧。挚和尧搞了一个隆重的权力交接仪式，历史上称为"禅让"①。

---

① "禅"意为在祖宗面前大力推荐，"让"指让出帝位。

尧即位后，不想待在哥哥的河南濮阳，他觉得收购一家企业不如另办一个公司好，于是带着自己的一套班子，往东南跑了100公里到达一个地方。他把这里叫作"陶"，源于他爱好烧陶，也就是现在的山东省定陶县。

尧深知，标榜天命对于统治的重要性，所以特别热衷于天文学研究，派羲（xī）叔、和叔分别去了最东边太阳升起的地方、最南边接近赤道的地方（据说是越南）建立了天文台。把一根直杆竖立在正午阳光之下，影子最短的那天就是夏至，最长的那天就是冬至。两个人把观测数据互相比较，找到了二十四节气中最关键的春分、夏至、秋分、冬至四个日子，从而明确了一年四季的概念，可以指导百姓种植五谷，有效地发展了我国的农耕业。

尧手里攥着这四个日子的数据，就等于龙王爷有了降雨的神符，人们播种前都必须向他请教日期，谁还敢轻视政府的存在。而那个测影的直杆，就成了"表"，即圭（guī）表①的"表"。如果这个天文仪器（表）戴在手腕上，就是"手表"。

尧聚精会神搞建设，一心一意谋发展，华夏族在中原呈现出一派欣欣向荣的景象。可是天公不作美，不久之后中原发起了大水。这场水白浪滔天，泛滥于天下，重灾区都淹到了山顶，五谷不登，禽兽逼人。于是，尧任命鲧（gǔn）去治水。鲧采用从前共工围追堵截的老办法治水，从高的地方取土，垫在低的地方，也就是用土堵水。

鲧说："当初共工治水失败，在于堵得太低。"他自作聪明把堤筑得高高的，以至于成了耸立着的定时炸弹，随时都会轰隆一下子堤岸崩塌。于是整个中原地区，今天这里爆炸，明天那里爆炸，到处都是湍流肆虐。鲧虽然辛辛苦

---

① 圭表，是度量日影长度的一种天文仪器，由"圭"和"表"两个部件组成。通俗地说，就是垂直于地面立一根直杆，通过观察记录它在正午时影子的长短变化来确定季节的变化。垂直于地面的杆叫"表"，水平放置于地面上刻有刻度以测量影长的标尺叫"圭"。

苦地奔波，但是堵了东边西边溃，围了南边北边滥，始终没有治好洪水。①

尧在中原忙着治水的时候，东边的东夷人又有了新动向：在蚩尤战死于遥远的北疆以后，山东本土的东夷族变得四分五裂，分成了多个部族，其中猰貐（yà yǔ）、凿齿、九婴、大风、封豨（xī）、修蛇、十日颇具影响力，对华夏族构成了巨大威胁。这个状况使得被洪水困扰着的尧更加忧心忡忡，直到他发现了射日英雄后羿。

后羿是东夷族人，射箭高手，弓强矢劲，射法高明。他豹腹狼腰，目若朗星，并且左臂超长，可以把弓弦拉得更满。②后羿最了不起的地方，是发明了羽箭③，即把鹰鸟的羽毛装在箭尾上，以利于箭矢的平稳飞翔。这一巨大改进使得后羿能百发百中，成了箭术史上宗师级的人物。

一个机缘巧合的机会，后羿成了尧的射师，受命回山东老家，暗杀那些具有潜在称帝能力的东夷领袖，削弱东夷族的力量。④

后羿首先找到了最好欺负的凿齿族。凿齿一族主要活动在畴华之野，是靠近苏北的一处大泽。这里的人崇拜水蛇，因为水蛇没有门牙，所以男女青年到十几岁的时候，就要举行凿牙成年礼。通过对蛇口的模仿而表达他们对蛇的崇拜，遂得名凿齿。凿牙成年礼一般由父母执行，用两块木板夹住两颗门牙，以石锤慢慢敲打木板，使牙根松动，接着拴一个绳套，用小木棍牵动绳套，猛拉，牙就活蹦乱跳地出来了。黑洞洞的嘴大张着，是当地人认为的最流行的时尚。

后羿手挟长弓，在野外找到凿齿族长，对其进行跟踪。等凿齿族长一屁股

---

① 根据《尚书·尧典》的记载。

② 据《淮南子》载："羿左臂修而善射。"

③ 羽箭，通常以丝缠或胶粘的办法，将羽毛排列在箭尾，呈三行或四行，规范了空气的通道，避免箭在空中旋转而失去准性。

④ 据《淮南子·本经》载："尧乃使后羿诛凿齿于畴华之畴，杀九婴于凶水之上，缴大风于青丘之泽，上射十日而下杀猰貐，断修蛇于洞庭，擒封豨于桑林，万民皆喜，置尧以为天子。"

坐在石头上，看着天空发傻时，后羿急从箭囊抽出一支羽箭，凿齿族长有所察觉，转过身来，立即举起盾牌。后羿牵收虎背，轻舒猿臂，弯弓响处，一箭射穿盾牌，正中凿齿族长黑洞洞的獠牙之口。羽箭从后颈射出，碎壳流浆扑了一石头，好像是谁打碎了一个鸡蛋。因为是野外，后羿快速收身，功成而退，留下凿齿族人在后面办丧事，争老大，自相哄扰。

后羿日夜兼程，流走江湖，来到凶水岸边，冷涛拍打着岸边的庄稼地，这里是九婴族活动的地方。后羿埋伏在半人高的茂草丛中，等待九婴族长的出现。虽然有草掩护，但也要小心野兽的袭击。李氏野猪、中国野牛被九婴族的庄稼地吸引，常出没于此，双叉麋也可能顶后羿的屁股，遇上披毛犀那就没命了。

终于，九婴族人拿着木耜出现了，这帮人除了种地以外还是猎头一族。九婴族长的脖子上挂着八个人脑壳，加上他自己的脑袋，一共凑成九颗，这就是九婴的名字来历。他们以为这样可以有九条命。

头顶的松树上似乎在落雨，松针托不住的雨珠就脱砸下来。后羿等着目标靠近，把九支利箭悄悄预备在手边，右手指缝夹住三支。当松针上最后一颗雨珠砰然下落，后羿的箭雨连环射出，九支箭像蚂蟥一样窜出草丛，"嗖嗖嗖"前后飞扑，几乎同一时刻插到了九婴族长的九颗头上。九婴族长的九条性命一条也没留下，吭也不吭地跌倒在地，嘴里喷吐出一道血水。

后羿嘴角微微一笑，接着转战到青丘山上。大风族是这里的山地人，力大善走，一路跑动，掀起狂风。后羿用青丝绳系于箭尾，一箭射中大风族长。这叫弋射，用于射鸟最为有效。大风族长还想逃生，无奈箭绳一拉，立刻剜下他一块肉来。接着，另外三支牵着丝绳的追命箭矢，一路朝他狂扎。大风族长被这张凶险的箭网困住，慌不择路，跌落山崖而死。

修蛇也是东夷的豪族，是湖滨打鱼的部族。修蛇族长风闻神鬼莫测的"狙击手"后羿已赶至这里向他索命，立刻拎了鱼叉上了独木船，潜伏于湖中，再不肯出来。后羿没法施展岸上伏击，就入湖寻觅，终于在滔天白浪中遇到修蛇族长，一箭将他射杀，尸体被湖水吞没，只留下一道殷红的血迹。

下一支羽箭，下一道催命的符，是瞄准封豨族长。封豨是一个养猪的部族，东夷人普遍都养猪。后来，东夷人的猪渐渐向西传入华夏族的中原地区，这一点可从考古学的猪骨头的分布上得出来。

封豨族不但养猪还纺丝，他们在采桑的桑林里遇到了后羿。后羿游动的身影在桑树干下时有时无，封豨族长不知道自己已被锁定，弓已悄悄地拉满。随着一声轻微的触响，一支羽箭穿透桑叶，倏忽而至，当桑叶飘然落地的时候，封豨大哥也扑倒在他劳动的现场。后羿一闪而逝，身后响起众人的惊呼："羽箭！羽箭！"

后羿的一连串暗杀活动使得山东地区的东夷人迅速陷入巨大的恐慌之中，任何白色羽毛都会令看见的人吓一大跳。

后羿已经暗中射掉了东夷人的五个部族之长，猰貐族长直觉下一个目标就是自己，于是结猛狗阵保护自己——"猰貐"是善用猎犬的狩猎部族，不过这些犬很快变成了他的陪葬品。后羿行踪诡秘，嘴里含着骨哨，顶着羚羊角，远远地出现在猰貐族长的活动区。他的哨声很快招得猎犬们蜂拥而出，独让猰貐族长落了单。后羿撇掉羚羊角，从侧面迅速迂回，突然出现在猰貐族长面前。猰貐族长丝毫不惧，向后羿连续射击，可惜他的箭没有尾羽，飞起来像断了头的公鸡，乱摇乱晃，命中率太低。猰貐族长正要多发几箭，蒙个命中，后羿一箭破空裂风而来，正射在他的咽喉上，洁白的羽毛沾上了一滴他的颈血。他终于看清了这支传说中可怕的羽毛箭，撒掉手中的箭，伏地气绝了。

后羿在4100年前的山东大地上，插下了17支带血的羽箭，放倒6位族长，然后奔向泰山脚下的最后一站。太阳明晃晃的，照着他急速潜行的脚步，他后背上最后一支羽箭的箭镞锋芒逼人、冷亮耀眼。十日族长将是这一支箭的最后宿主。

有人说十日是十个以太阳为崇拜对象的部族，戴着太阳面具；还有人说十日是十个外空间异物，是一颗小行星不务正业地袭击了地球，在穿越大气层时发生剧烈燃烧，九个燃烧着的碎片加上太阳，就是令古人惊恐不已的十日。

我们说，后羿不论多么膂（lǚ）力过人，也难以使箭矢获得第二宇宙速度，脱离地球，射向太阳系中心。但是后羿凭着"一雀过羿，羿必得之"的箭无虚发之术，左手如托泰山，右手似抱婴儿，弓开如满月，箭去似流星，一箭射出。不论是真太阳、假太阳还是戴着太阳面具的十日族族长，都阻挡不了后羿完成尧交付他的特殊使命。①

这个孤独的狙击手后羿，18箭定山东，东夷族的豪族族长尽死，山东各有力部族被荡平。于时万民皆喜，天下共称尧为天子。尧的功德广为传颂，尧成了最大的赢家。

东夷族出了后羿这样的射日英雄，并不奇怪。东夷人本来就善射，他们崇拜鸟，以凤凰作祖先。他们打鸟比较多，为取得美丽的鸟翎，戴在身上模仿凤凰，以表达自己的敬意。射鸟比射野兽难度大，于是磨炼了射击技术。

东夷族还是个善于想象的部族，他们环海而居，海洋的变幻莫测、蜃（shèn）气幻景激发了他们对于神仙转世和永生不死的幻想。

后羿也想登仙不死，干刺客这一行，天天躲躲藏藏，到处被仇家追拿，还是离开人间才逍遥自在。后羿向西跋涉，越过炎山②、弱水③，终于见到了昆仑山上的西王母。西王母长得基本是人模样，但嘴里是老虎的獠牙，拖着一条豹子尾巴，披头散发，头上还戴着一项类似天平的古怪帽子，每天晨昏都踞于山头像野兽那样狂嘶猛吼。有三只红脑袋、黑眼睛的青鸟伺候她，轮番外出给她寻找食物。西王母掌管着天地间的瘟疫和五种残疾，还有不死药。④

---

① 语出《庄子》。

② 火焰昼夜不息。

③ 河流的浮力很小，非但不能载身，一片鸟羽落下亦会沉底。

④ 《山海经》载："西王母其状如人，豹尾虎齿而善啸，蓬发戴胜，是司天之厉及五残。"

后羿向西王母求得一粒不死药，把它放在甲囊里，预备选个好日子吃了。甲囊是东夷人身上一个有趣的东西，类似行军水壶，就是把两个乌龟壳面对面，用皮条缚合起来，佩戴在腰间。

嫦娥，一个穿着紧身服飞檐走壁的漂亮女贼，得知后羿有不死药，就于一天夜里，跳上后羿家的屋顶，撬开窗口（当时窗户设在屋顶），顺着柱子滑下来，两腿倒挂，伸出手去，一把拿走了熟睡中的后羿身上的甲囊。

嫦娥翻身起来，抱着柱子，迅速爬至屋顶，解开甲囊，把不死药拿在手里，借着月光一看，那粒小巧的药丸散发着异能植物的诱惑，于是一口就吞了下去。奇迹随即发生了，嫦娥的身子开始变轻，脑袋开始摇，双脚也不听使唤，天晕地转，从屋顶飘至空中，像氢气球一样往上飘升。一直飘啊飘，嫦娥最终飘到了月宫上，跟当地一只兔子搭伴生活。

嫦娥待在月宫，时日一久，发现那儿冷清得出奇，空无一人。她唯一的乐趣，就是抱着那只兔子，看着地上趴着的一只大蛤蟆——蟾。此外，再没有什么别的可看的了。嫦娥无聊得要命，非常后悔，常把一声声叹息化作轻风，吹动人间的夜晚。

而狙击手后羿，丢失了不死药后，继续隐姓埋名。后来，一个叫逢蒙的山间猎人，拜后羿为师，学习箭法。尽得后羿之术以后，逢蒙却在打靶场上走火，一箭射死了自己的师傅。当然，这可能是逢蒙嫉妒后羿比自己的名气更大更响亮，也可能是背后有人指使。天远地久，史迹茫茫，我们无从判断了。①

---

① 《孟子》载："逢蒙学射于羿，尽羿之道，思天下惟羿为愈己，于是杀羿。"

# 舜帝（上）："穷小子"凭"孝"入赘豪门

文明程度与华夏族齐头并进的东夷族，人才辈出，除了后羿，最可骄傲的就是同时期的舜了。

舜生于山东省西部的菏泽地区，身高跟武大郎差不多，据记载是1.45米。舜又矮又胖，脑袋很圆很大，皮肤黝黑，大嘴像鱼，缺少幽默感，总之不是美男子。

舜的父亲叫瞽叟（gǔ sǒu），不喜欢舜，因为这孩子长了一副"重瞳子"①——每只眼睛有两个瞳孔，而自己却是瞎子。似乎上天把自己的东西夺走，贴补给了儿子。不过，重瞳子并不会影响视力，因为瞳孔只负责进光束，粘连分为两个，一样可以进光。就像你把照相机的镜头遮上一半，照样可以用。

因为舜是重瞳子，所以就起名"重华"，表示光明闪烁。舜则是他发迹以后的称号。舜年幼的时候，母亲早死，父亲另娶了一个继母给他。继母生下儿子象。象甚讨父母喜欢，脾气不好性子傲，不服大哥。

---

① 我们知道，瞳孔就是动物或人眼睛内虹膜围成的小圆孔，如果虹膜发生粘连或天生畸形，就会把o形的圈，压扁成∞形，即重瞳子，甚至两个小圆孔还分开，一只眼睛两个瞳孔。

失去生母庇护的舜在继母和弟弟象的谗言陷害下，经常遭到父亲的虐待，有时甚至差点丢掉性命。但舜意志坚强，性格倔强，从不与之分辩，也不感到怨恨，总是设法躲避各种危险，默默承受着一切不合理的对待。邻居们无不交口称赞他是个孝顺的倔孩子。

舜17岁时就志向远大，成了一名无业游民，卷着行李离家外出，也是因为父母不想养他了。他先是北上200多公里，来到历山（在今山东省济南市）[①]，见这里土地肥美，就挖了个半地穴的窝棚，开始种地。别的游民也跑来效法，据说舜在这里认识了伯益（秦朝的祖先），两个人一起挖水渠，颇谈得来。

舜的身子矮，用耜铲地使不上劲，就改撒种子。由于矮人步子小，舜撒的种子都比别人密，第一年就小有收获。后来，他们还尝试分行栽培，并渐渐有了田垄。因为收成好了，一年后，人们开始为了田垄的界限归属而打架。舜给大家裁决，手段强硬，不服气的捣乱分子混不下去就跑掉了。但是舜觉得种地不是他的理想，就告别人们恋恋不舍的目光，离开了历山。

舜又向西来到雷泽（今山东省菏泽市）打鱼。他把丝绳系在箭尾上，射向水里的鱼，再一拉丝绳，就把鱼从水里拎出来了（类似捕鲸，属于弋射）。由于瞳孔结构特殊，舜瞄准的时候可以矫正光线在水和空气两种介质中的传播偏差，往往歪打正着，每天都有十几尾鱼的收获。于是大家都来抢他的鱼。

由于小时候经常挨打，所以舜很扛打，誓死捍卫自己的鱼，浑身受伤流血也不撒手，哪怕手里就剩半个鱼头。舜的顽强的意志力很快就镇住了大家，包括当地的痞子。不过，看到他们确实饥寒时，舜也会慷慨以鱼相赠，把他们感动得再也举不起拳头。一些曾把舜打得半死的家伙，后来都成了舜的好朋友，臣服在他的脚下。于是人们争先礼让，纷纷表示要把风平浪静鱼又多的迴水湾

---

① 后来佛教传入中国后，历山随山势雕刻了数千佛像，就改名为"千佛山"，与趵突泉、大明湖并称济南三大名胜。

留给别人，自己去湍濑急流捕鱼。舜成了当地的一面精神旗帜。

湖边的见识窄，舜便向更文明的地方迁移，去了西边尧所在的定陶，在附近黄河边上学习手工制陶工艺。他精制陶器，谨慎从事，不嫌苦累，双手磨得都是茧子，不断摸索改进，即使老艺人也对他的产品啧啧称赞。

东夷人的手工业特别发达，陶艺最是骄傲，其黑陶领先于华夏的红陶，他们还用高岭土烧制白陶，创造了世界上最早使用高岭土烧制器具的记录，是瓷器发明的前奏。但是，河滨这里的人制的陶器易碎，舜经过多年的技术攻关和创新，完美地解决了这一问题。他把自己的研发成果教给别人，大大提高了当地的制陶水平。

在这里，舜还结识了陶器行家皋陶（gāo yáo），两人经常合伙经商，以物易物的形式把陶器运往附近的顿丘（今山东省鄄城县），买卖公平，碎一个赔两个，人们都信服他，很快就搞活了两地的经济。

尧的大本营定陶就在这一地区（河南省与山东省交界），距离东夷族本土很近，所以舜的事迹很快传到了他的耳朵。尧身边的人对他说："舜这个人既懂礼让，又有石头一样坚硬的手段。虽然口不设言，手不指挥，但人们纷纷慕名前来依附。舜待过的地方，一年就集聚成村，二年成邑，三年成城，遂为东夷的精神偶像，只要一呼，四周百应。"

尧正好也爱好烧陶——"尧"这个字（图2），就是两个陶罐子摆在台子上预备去烧的样子，说明他是个烧陶高手。于是，尧找来舜一起切磋陶艺。

**图2　甲骨文的"尧"**

舜给尧演示了东夷人最擅长的蛋壳陶的制作过程。首先，选土要严格，要用细腻纯净、绝不含硫的黏土，加水搅拌成泥浆，经过多次淘洗、去杂，沉淀成泥状，再进行捣炼、放置、陈腐，使泥质水分均匀分布。然后，像和面似的反复按揉，取适量揉成细条，盘成陶罐子，比制普通的陶器多花三倍以上的工夫。最后，放在快轮旋转的木质轮盘上拉成型，即随着轮盘旋转，用手抹出曲线优美的泥罐子。东夷人的陶器做得好，关键在于他们的轮盘转得快，每分钟转80—100转，还有轮盘必须转动均匀，不然罐子就不圆了，所以要在盘底加上重物，叫惯性轮盘。

舜全神贯注，随着快轮旋转，再用小刀平进，像车床上的刀架那样，反复把泥陶旋薄到只有一毫米，如指甲盖那么薄！车好后还要拿锥子小心地镂空雕刻出花纹，因为坯体极薄，故镂刻需要十分细心，否则就把泥巴挤歪了。

放到窑里烧的时候，热空气会把这个薄薄的陶坯吹歪吹倒，所以外边要罩上陶制的罩子。为了获得又黑又光亮的效果，选择的泥土最好是含锰的，或在烧窑时用芦苇等含锰的燃料。烧成后不久即出窑，趁热打磨，就出来圆整光滑、黑泽光亮的蛋壳陶，壁壳只有一毫米甚至不足一毫米，还镂刻着美丽的花纹——竹节、波浪，多层分布，朴实素雅，与黑陶的气质完美结合。

舜把烧成的高达一尺的蛋壳陶交给尧，尧拿在手中直觉轻巧异常，只有一个鸡蛋重，真是绝世精品，华夏族人多没见过。尧喃喃地说：“真是难得啊，用这样的东西装上酒给祖先天神喝，一定很好！”

尧想采取以夷制夷的方略，如果舜可以笼络住东夷人，又向上效命于自己，那当然是最好不过。但是舜能效命于我吗？尧身旁的人说：“舜对父母很孝顺，一般孝顺长辈的人也习惯忠于领袖，想来他也能效忠于首领您。”尧信疑参半，决定派人对舜进一步深入考察，就把自己如花似玉的两个女儿——娥皇、女英嫁给了舜。这样，舜就变成了尧的女婿。

## 舜帝（中）：除"四凶"，架空老岳父

几天以后的一个清晨，山东菏泽以南一个小村落的农田里，正在除草的象突然看见几辆漂亮的牛车驶来。他疑惑地站直了身子："是哪儿的贵人，专程来到这个穷乡僻壤呢？"

车队驶到他面前就停住了，车里走出九位男子，说："我们是尧的儿子，护送妹妹们来的，那边是不是舜的老家屋子？"

"啊！舜是我哥，不过……"象诚惶诚恐地迎上去。

"象弟！"舜笑着从后面的车子里走过来，主动向弟弟行了个礼。象蓦然大惊，只见哥哥穿着细葛布衣，身后还跟着大群牛羊和一车车粮食，这阵势令他有点儿怯场，赶紧有样学样还了个礼。

听大哥讲完自己的经历，象心中又嫉又妒，好像一粒沙子渗入蚌的壳子里，浑身不自在。

舜领着娥皇和女英到了家，一件件地把丝帛啊铜镜啊玉佩啊这些奢侈品搬进家里，恭恭敬敬地送给父母。娥皇和女英也没有表现出任何傲慢和礼数上的懈怠，对公婆以及象很有礼貌。随后，她们的九个哥哥告辞，但并未真走，而

是分散到舜家附近住下，观察舜的一举一动。

第二天，尧派人又送来粮食，还造了一个粮仓。继母看见舜暴发起来，也嫉妒得不行，就变本加厉地向丈夫污蔑舜，说面子上输给了亲家。瞽叟大为羞恼，可又拿不出粮食，摆不起阔，于是命舜给粮仓顶加涂一层防雨的泥巴，干活去！

舜满口答应，回去对娥皇和女英说："父亲很顽固，母亲是个大嗓门，弟弟心高气傲，都不好惹。不过我必须得听父亲的话，和完泥我就上去。"

娥皇看舜果真孝顺，点点头说："听父亲的话是应该的，只是今天热，你干活时要戴两顶斗笠防晒。"舜听了，觉得有些奇怪："一顶斗笠难道不够吗？为什么要两顶呢？"娥皇和女英笑着告诉他："现在不要问，到时候你就明白了。"于是，舜戴上两顶斗笠爬上粮仓顶开始涂泥巴。

正涂着，下面突然燃起了烈焰。大火被风抽打着，好似喝醉了的红色妖精，越长越高。舜大喊救火，嗓子都喊哑了，只有他的两个媳妇跑了出来，冲他比画着脑袋。舜大悟，赶紧摘下斗笠，一手举着一个，加两步助跑，腾空一跃，利用自己的初速度，在火焰冲起的上升热气流的承载下，做较为缓慢的抛物线飞行。他摇摇晃晃地在空气中下滑了六秒钟之后而触地，并且借助他的屁股实现了软着陆——舜成为人类历史上第一个"滑翔伞"的冒险尝试者，仗着身材矮胖，勉强没有摔死。但两条腿的软骨组织挫伤严重，盆骨外位骨折，右手臂挫裂伤，外带鼻青脸肿。

舜被两个媳妇架着，满头大汗地回家卧床养伤。说是卧床，其实是卧地上，地上铺着轻软的兽皮，这东西既便于卷藏，还能隔绝地上的湿气和凉气，是理想的寝具。上面再加上丝麻的被褥，就更加舒服了。

那为什么不弄个床睡呢？这就涉及照明的问题。如果用柴火照明，太熏人；用野兽的油膏制作成可点燃的照明之物，不但浪费，还有股怪味儿。所以，黑咕隆咚地摸索着上床下床，不太安全，而就在地上睡，随便怎么滚也不会掉地上——因为已经在地上了。

舜大难不死，刚把伤养好，瞽叟又生一计，叫来舜说："最近天太旱了，你把家里的水井掏一下泥吧！"舜又满口答应了，不过挖井的时候留了个心眼，从井壁上横挖了一个地道，可以开口于远处的地面，留作后路。等井疏通了，水明晃晃地涌出来，倒映着井口瞽叟和象的脑袋。

象悄悄地说："可以了，我们送大哥上天吧。"两人一起使劲，把预备好的大石头砸进井内，扑通扑通——好一阵折腾，终于没有任何声音了。瞽叟和象大喜，"舜已经死了，老大归天了！"

象乐不可支地对父母说："主意可全是我出的，所以舜的产业应该由我来分。老人爱财宝，年轻人爱声色，尧的两个女儿归我，牛羊、粮仓全给你们好了。"全家果然皆大欢喜。象于是得意扬扬地来到舜的屋里，却看见舜竟活生生地坐在地上。象的眼珠子都快跳出来了，半天蹦出一句话："大哥，刚才井意外地塌了，我以为你死了，正担心你呢。"舜微笑着说："是啊，你对我真好。好在我没事，你可以放心了。"舜没生父母和弟弟三人的气，反而对他们比以前更好了。三人感动，从此再也不怀陷害舜之心了。

娥皇和女英跑到定陶，把情况汇报给尧："舜这个人严守人子之道，孝顺父母，友爱兄弟，都是我们亲眼所见。他明明知道家人想暗算他，也宁可冒着生命危险，都不忤逆父母的指令。当阴谋暴露后，舜不但口无怨言，反倒更加恭谨地侍奉父母，对弟弟更加关爱。"

这时候，娥皇和女英的九个哥哥也回到家，证实了妹妹们的说法。并且尧惊讶地发现，通过跟舜的短期接触，九个儿子的德行都有了明显进步，特别是对自己，格外恭敬。尧十分满意，便派人把舜从老家接回来，安排到传达室工作，接受进一步的考察。

舜在传达室的工作，主要是接待各部族来宾。他的工作做得特别好，远近而来的宾客受舜感染，都非常礼敬。随后，尧又安排舜做其他工作，舜都完成得很不错。娥皇、女英也处处帮助舜——两个女人都不由自主地爱上了舜。终于，舜顺利通过所有考核，赢得了尧的信任和喜爱，并代表尧出巡四方。

几个月后，舜风尘仆仆地回来了，尧关切地问起他的所见所闻。舜皱着眉头回答道："说实话，现在的情况可不怎么好，通过与各部族宾客进行沟通以及自己外出调研，我发现，贤能的人都没有得到任用，凶顽的人却掌握着权力，这样下去很危险。"

尧连忙追问细节。舜说："神农氏的后裔共工残暴凶狠，喜欢假惺惺地奉承别人，对自己文过饰非，人称'穷奇'，是个小人。黄帝的后代欢兜，为人糊涂，不分好恶，人称'混沌'，是个糊涂蛋。蚩尤的后代三苗，贪财好利，饮食没有节度，人称'饕餮'，光浪费粮食。颛顼的后代鲧，为人顽固不化，不讲道理，人称'梼杌（táo wù）'，他把水治得越来越大。如今天下洪水不息，百姓怨气冲天，作为封疆大吏，这四人要负主要责任。我以为，尽速惩办这四个人，以息怒上苍，天下可治。"

尧听了，长叹道："不是我不想驱逐他们，实在是因为他们都是贵族子弟，长辈都是部族首领或者曾为民立过大功。不过现在你既然说了，那就按你说的办吧。"

于是，舜宣布："共工流放到北方的幽州，欢兜流放到南方的崇山，三苗流放到西方的三危，鲧流放到山东的羽山。这些地方虽然荒远，但天广地阔，你们去了可以大有作为。希望你们好好锻炼，积极宣播文明，开发当地民智，抵御四方蛮夷。"

舜驱逐了共工、欢兜、鲧这些华夏族的老牌家族，然后立即开始大量安插自己的东夷族亲信，好些来自东夷族的老乡、战友和能人进入管理层，比如伯益、皋陶、契、后稷、伯夷，都是舜的铁哥们——从舜耕种历山起就开始来往了，后面打鱼、烧陶，同吃同游一起过来的。

很快，东夷族的精英在尧本就规模很小的管理层中占去的席位足够与华夏人分庭抗礼了，并且这些华夏人也被舜重新洗牌。舜以推荐贤人为名，亲手提拔了16个善良、和顺、有才德但一直不被尧任用的黄帝的后裔，号称"八恺八元"①，分掌国家的根本命脉——农业与教化。这些感恩戴德的华夏族新贵，与东夷鸡犬升天者，有一个共同特点，就是忠心耿耿地替舜吆喝，是舜的"私人班子"。

驱逐了四家，提拔了16家，这就是舜的20件大功。而到了这时候，尧才发现身边的忠实战友就剩自己的儿子丹朱了。可丹朱是个不上进的公子哥，喜欢无水行舟、朋淫于家，根本帮不上尧。尧心乱如麻，形单影只，烛光透影，孤家寡人，再想招呼共工、欢兜他们回来帮忙，已经来不及了，而且天下的滔天洪水，此时闹得更厉害了。

---

① "八恺"即高阳氏的八个出色子弟：苍舒、敱、梼戴、大临、龙降、庭坚、仲容、叔达。"八元"即高辛氏的八个出色子弟：伯奋、仲堪、叔献、季仲、伯虎、仲熊、叔豹、季狸。后世常以此作为选拔贤臣的典故。

# 舜帝（下）：以"禅让"之名完美即位

尧被自己亲手提拔和宠信的女婿所架空，失去实权，沦落为"窗边族"①，内心寂寞抓狂，懊丧苦闷。可尧这时候身体还硬朗，闲不住，就驾车到外面排遣忧情。他在颍水北岸的箕山脚下，遇上一个品行端正的高人，叫许由。尧就假装慷慨，要把天下让给许由："许先生啊，你在民间很有影响力。我坐在帝位上，装扮神主，尸位素餐，我真难受啊。请允许我把天下交给你治理吧。"

许由心想，这不是让我替你去坐针毡吗，再说你想转让，舜不签字，也不能生效啊。偃鼠饮河，不过满腹；鹪鹩（jiāo liáo）巢林，不过一枝。我还是图清净吧。"现在天下治理得很好，我就不要越俎代庖了。"许由说完转身就跑。

尧见许由没有兴趣，只好悻悻返回了。

尧总跑到外面酸溜溜地讲话，喊着要把天下转让给别人，言下之意是抱怨

---

① 所谓窗边族，就是别人开会的时候，他站在窗边假装看风景，不参加讨论。

舜逼得他没事干了。这就像父母抱怨儿子不孝，总嚷嚷着要住进养老院似的。

尧完全处于与世隔绝的退休状态，只能将天子之位禅让给深得民心的舜。

在一个风和日丽、万里无云的吉祥日子，岳父带着面色冷傲的女婿，心情激动地率领管理层成员，一起来到黄河边上，看见滚滚黄河卷走荣耀与繁华，拐弯之后向中原急速淌去。

黄河边已经筑起了高坛，神职人员正在作法，邀请天神入席。尧做了最后一次告别发言，总结了自己在工作中的成就与不足，指定舜为天下之主，号为"舜帝"，然后把玉璧和牛羊一同沉在河里，以取信于鬼神。河里很快冒出一只龙马，嘴里叼着一只乌龟，龟背上有奇特的文字。这大约是天神签署批准了让位的意见。后人把这个叫作"龙马河图"。尧完成了这个仪式，只剩下一身疲惫。

尧的优点在于仁，缺点也在于仁，特别是到了晚年，纵容华夏老牌家族"四凶"贪僻虐民，让天下千夫所指，而尧不能去之。"八恺八元"的贤人，尧却不能任用。舜则敢于挑战强势者，力主驱逐了"四凶"，表现出的刚猛气度，使得天下额手相庆，仅此一条就足以获得人们的讴歌和拥戴。舜之取代尧，是大势所趋。

后来，尧在历史上消失了，大约是自然死亡或者郁郁而终。据说，尧死后，舜很伤悲，喝粥时会在依稀的粥影里看见尧的面庞，对着墙壁又会看见尧的笑貌身形。大约舜对于尧还是有感情的。

归根结底，尧是被洪水击败的，在生产力水平低下的当时，长年累月、旷古未闻的洪水足以摧毁国民经济，一并拖垮他的统治。尧抗灾乏力，极大地损害了他的权威。舜所以能崛起，撇开其个人能力和手段之外，最重要的是中华需要一个强势领袖来重建帝国的信心。

舜也明白这一点，他是一个铁腕人物，与仁义的尧形成鲜明对比，一上台就刷新吏治，让皋陶制定刑法，宣布了五种大刑：墨刑（刺脸）、劓刑（割鼻）、荆刑（砍脚）、宫刑（割生殖器）、大辟（杀头）。不过，如果肯交钱赎罪的话，可以酌情减免。

舜除了任命皋陶为理官（掌管刑罚、监狱、法治，即司法长官）以外，还任命大禹为司空（总揽百官，主管水利），契为司徒（管理教化人民），后稷为司农（教人民耕种与稼穑之术），伯益为朕虞（管理草木鸟兽），伯夷为秩宗（主抓祭祀典礼），夔为典乐（掌管朝廷的音乐）。羲叔、和叔世代掌管天文历法。

舜的行政组织比起尧时代要完备许多，此外还有十二牧，据说是十二个地方长官。舜规定，每三年考核一次，决定人员升降。需要注意的是，在这个班子成员中，大禹、契、后稷、伯益分别成了后来的夏、商、周、秦四个朝代的祖宗先人。这四个朝代也是中国历史上真正有着显赫的贵族血胤的古老家族所缔造统治的，再以后的汉、唐、宋、明，都不过是自战国时代布衣崛起后，由布衣家族建立的王朝。

舜的政策得力，收服了天下人。这正是："南风之熏兮，可以解吾民之愠兮！南风之时兮，可以阜吾民之财兮！"[1]蒲坂附近有一个方圆几十公里的大盐池，人们捞取池中的盐水，多吹南风，可以更好地晒出盐来，将其卖出从别的部族那里获得财货，解除民众的愁闷。

不过，"四凶"之一鲧，虽然被舜下放到山东南部锻炼，但他堵水的那股顽固劲儿却没有改，还在张罗着抢舜的位子。他说："舜是一个匹夫，尧把天下政事让给他，不祥啊！让他还不如让我呢！"鲧准备闹独立，跟舜对抗。舜招他也不去，而是四处游荡，制造混乱。

于是，鲧修建了一座坚固的城。鲧这个人堵水没堵好，修城却是专家，他

---

[1] 出自《孔子家语·辩乐解》，意思是：南风徐徐，可以解除我子民的温热；南风吹得正合时宜，可以赋给我子民财富。

借鉴填土筑堤的办法，采用版筑法修城。简单地说，就是用木板夹住土块，往木板间放土，先放一层，再用夯头砸实，直到夯满填实。等土结成块，再摘下木板，在旁边继续立木板，夹着堆土夯实，直到墙基厚度达十米以上。然后再依样夯上一层，层层土块交互错落，咬合牢固，这就是城墙。

鲧是造城的先驱，但未必是第一人。从考古上看，从5000年前的黄帝时代到4100年前的尧舜时期，1000年间，中国大地上零星出现的城邑有三十几个，但都很小，才一两百米见方——这更应该叫作土围子，但它毕竟有夯土的城围。

鲧在山东搞独立，据城自守。舜不搞妇人之仁，使用强力手段，以正讨逆，用武力把鲧抓住捆了起来，拉到羽山杀死了。

下篇

四

夏朝：世袭王朝的开始

## 大禹治水：治理了水患，也搭好了班子

鲧被杀死在羽山，他的儿子大禹被舜叫来谈话。大禹是个大个子年轻人，身高1.85米，虎鼻大口，耳朵上有三个孔，脚下有三颗痣（呈"已"字形），胸上印有玉斗[①]。他一头跪倒在地，哀求道："我的父亲鲧尽心尽力，治水却没有成功，又违抗您的召令，身死名败，并不冤枉。但我还是希望继承他的事业。"

舜不因父亲有过失就弃儿子不用，对大禹很赞赏，说："你父亲确实犯了错误，但我愿意再给你们家族一次机会。治水的事，从今以后就由你负责，希望你审慎以行，不负众望！"

大禹意外免死，喜出望外，赶紧拜谢。舜还派伯益、契、后稷等协助大禹治水，他们共同组成了一个治水班子。这样一批有才能的人团结在大禹身边，可以说他已经有了未来建立王朝的第一个条件。

———————

[①] 《宋书·符瑞志》载："（禹）虎鼻大口，两耳参镂，首戴钩铃，胸有玉斗，足文履已，故名文命。"

　　大禹在惶恐不安中玩命工作，走遍了九州大地，陆行乘车，水行乘舟，泥行乘橇，山行穿钉子鞋，栉风沐雨，非常辛苦。他四处调研，寻找治水的方法，仔细研究，与部下同心协力。

　　大禹考察了一圈，发现黄河从黄土高原南北走向的峡谷中流出，在大拐弯处东行进入平坦的中原以后，就变成一条任性扭动的龙，不断改道，到处漫游。从地图上看，它上翻下卷，游徙不定，由于河道浅，就随处溢水，像一个随地撒尿的孩子，留下一汪汪的积水。如果能给黄河两岸筑堤，夹持着黄河，使它不乱跑，那是最好的办法。可惜大禹时代连青铜器都没有，更没有铁器，根本没有这个能力。

　　那该怎么办呢？大禹的策略就是：既然无法管束黄河这个野蛮的"孩子"，笨办法就是由着他"尿"，但在他经常乱撒尿的地方（即黄河经常漫溢的地点）预备好"排尿系统"，及时排走"尿"，即大禹规划出九条泄水河道。当黄河跑到A处放一汪水，大禹预备在A处的河道就会把它排干。当黄河又蹿到B处放水，大禹又已在B处预备好一个管子。

　　这就是所谓"播为九河，疏川导滞"，用九条河道把黄河泛溢出来的洪水排走。所谓九条河道，只是一个概数，大禹在全国各地都因势利导，开挖这种"排尿河"。

　　作为项目总负责人，大禹始终坚持在治水第一线，从华北到江南，无处不留下了他的足迹。大禹以身作则，冲锋在前，享受在后，三过家门而不入。他左手拿着准绳，右手拿着规矩（圆规和直角尺），走在树梢下，帽子被风吹到了树枝上，也不回顾，鞋子跑丢了，也不折回去拣。其实他不是不知道，弯腰拣帽子就会耽误时间，他要争分夺秒地治水救人啊。他翻山越岭，涉沼渡河，手脚磨出了厚厚的茧子。

　　大禹亲自拿着挖土的双齿耒耜和装土的袋子，辛勤劳作，四处跋涉，累得他腿肚子消瘦，小腿也被泥浆磨得精光，不带一根汗毛，淋着暴雨，冒着狂风，安顿下万家城邑。①

由于用腿太多，还都在泥里，大禹的膝盖因为风湿变形严重，又长期得不到治疗，最终恶化成偏枯，就是偏瘫。大禹行走困难，两腿不能前后交替行走，一腿前迈而一腿拖行，走路一颠一颠的，感觉像在跳舞，人称"禹步"。②后代的道士常模仿这种碎而急促的步子，装神弄鬼。

大禹的一帮跟班，比大禹更惨。据《吕氏春秋》记载，他们有的死在山陵上，就葬在山陵，有的死在水边，就埋在河床。伯益始终追随大禹左右，是大禹最得力的助手。据说他还懂鸟兽之语，有人认为我国最古老的富有神话传说的地理学著作《山海经》就是他写的。伯益最主要的事迹是凿井，发明和推广了中国最早的井，大多有十几米深。为了避免井壁泥土坍塌，井壁内侧还用木棍自上而下层层叠附。从井口看，木棍交叉成"井"字形，这也是"井"字写法的来历。井口开有水渠，可以远远地通向生产用的陶窑和人家。凿井技术不但使人们脱离了河湖的制约，能去高远干燥的地方居住，还解决了城市内部的供水问题，为大量人口集聚的城市的出现，提供了前提和可能。因为一个城市需要几百口水井，没有井的话，人们只能沿河住成一溜。

大禹奋斗十多年，成功引河入海，消除了水患，汪洋泽国变得山青水绿，老百姓重新过上了安居乐业的生活。

大禹劳身焦思、专心致志的敬业精神，使得舜颇为满意，便赐给他一块玄圭（xuán guī），即黑色的玉器，用以表彰他的旷世大功，还赐他"姒"姓，封于夏（今河南省登封市）。协助大禹治水有功的契、伯益、后稷都得到了舜的

---

① 《庄子·天下篇》载："禹亲自操橐耜而九杂天下之川，腓无胈，胫无毛，沐甚雨，栉疾风，置万国。"
② 《尸子》载："禹之劳，十年不窥其家，生偏枯之病，步不相过，人曰禹步。"

封赏。其中赐契"子"姓，封于商（今河南省商丘市），后来他成了商朝的祖先；赐伯益"嬴"姓，封于秦（今山东省鱼台县），秦始皇就是他的后代；赐后稷"姬"姓，封于邰（今山西省临汾市），成了周朝的先祖。

## 大禹征三苗，奠定夏王朝的基础

　　如果你在大禹的时代去旅行，感受就会同《西游记》里一样：师徒们西行，走着走着就遇上一个小国，女儿国啊，狮驼国啊，乌鸡国啊，什么的。这小国只有一个城，却也有国王。如果你问这国王向谁汇报，他们就说如来佛祖。但如来佛祖是谁，他们又都没见过。大禹时代的中国就是这样的。

　　当时尚无现代意义的统一国家，散布中国各地的是无数小的部族，有的住在极小的城里，类似《西游记》中的小王国，更多是住在壕沟围起的村邑。所有这些地方部族的领导者——部族族长，也多数没有见过名义上的华夏族首领舜。他们见到的只是大禹——这个一心为公、以身作则、吃苦耐劳的治水大英雄，与他们并肩战斗、制服洪水，在治水过程中结下了战友般的友谊。据说这样的部族有1800个之多，大禹拯救了他们的家园。[①]

　　治水这事情需要大规模的协作、严明的纪律、明确的从属关系和强有力的领导。随着治水工程的进展，所有部族都被动员起来，一个遍及全国的资源和

———————

① 《吕氏春秋》载："禹所活者千八百国。"

关系网组建起来了。控制这一大网的人——大禹，就顺理成章地掌握了国内实权。当治水成为国家压倒一切的任务，国家的权力中心无形中就跟治水指挥部的负责人重合起来。于是大禹声誉鹊起，人们只知有禹却不知有舜。

舜意识到了这一危险，嘴角咧出一丝苦笑。正在这时候，大禹跑来向他请示工作。大禹说："虽说治水大功告成，但是三苗一直不听号令，特意请您批准我带兵出征。"

舜满脸忧虑，心想坏了，这家伙又来抢我的军权了："大禹啊，三苗不肯遵循教令，我们还是用德来感化他们吧。你在家好好休息，把偏枯养养好吧。"①

大禹坚持出兵，非要"跳"着去打。舜只好批准。

大禹拜了一拜，出去就举行誓师大会，发表讲话："大家都要听从我的命令。不是我穷极好战，实在是三苗该受上天的惩罚。我现在就率领众位部族族长，联合出征，讨伐三苗。"②

30天后，大禹的远征军抵达江汉地区（今湖北省），得知三苗已经集结重兵，准备决一死战。苗军士气高涨，大禹愁眉不展。

这时，大禹的老助手伯益进言说："只有靠美德才能获得上天的庇护，这是放之四海而皆准的道理。想当初，舜帝被家人排挤，在历山辛苦耕田，心中感到委屈，每天都向着天空念着父母高声哭泣。但是他不为自己辩解，而是把咎责都归于自己，一如既往地孝敬父母，爱护异母弟弟。后来，瞽叟对儿子的态度真的发生了很大改变。所以说舜的孝善美德感动了神灵，连瞽叟这样的老顽固都可以感化，何况是小小的三苗呢？如果三苗心里对我们并不服气，这样即便战胜了他们也带不来和平，打仗还有什么意义呢？"

大禹赞成伯益的话，带领军队回了中原，比以前更加勤奋地广施德治，又

---

① 《吕氏春秋》载："三苗不服，禹请攻之，舜曰：'以德可也。'"
② 这段誓师词依据《墨子·兼爱下》所引的《尚书》古佚文《禹誓》。

让众多兵士列队执干戚舞[1]于阵前，吓唬三苗。70天后，三苗首领又感服又害怕，派来和谈使者，双方就这样避免了流血冲突。大禹平定了三苗的骚动。[2]

当然，上述记载是被讲求德行的儒家学者修正后的版本。实际上，大禹征三苗的战争相当血腥，相当惨烈，死尸盈满原野。当时大禹的军队装备都是石制兵器，并不十分锐利，要砍击数十下，受伤的人要遭受极大的痛苦，直到血流光才会死去，实在难熬。

最终，大禹用一簇乱箭射死了三苗的首领，三苗之师溃败，宗庙被烧，男女老幼被捆，沦为皮鞭驱赶下的奴隶，成批地奖赏给参战部族的族长。余下在原地的三苗人也郁郁不得善终，东躲西藏，到了春秋战国时期又与该地区的楚国人发生冲突。最后在楚国人的打击下，三苗退至我国大西南。

大禹通过这次对三苗用兵，彻底掌握了军政大权，成了万人瞩目的焦点，跃跃欲试的接班人。

---

[1] 执干戚舞，是指远古之人手执盾类和斧类的兵器进行的舞蹈。其中干、戚分别指古时的两种兵器——盾牌和大斧。用武器作跳舞的工具，颇有先礼后兵、德先武后的味道。

[2] 这段依据《尚书·大禹谟》，但该篇为伪书，故笔者接下来否定了此说法。

## 舜之死：史上第一桩可疑的帝王死亡案

舜的第一夫人娥皇没有子嗣，第二夫人女英生有一子名"商均"。但商均这个人，据说接近白痴，吃饭不知饥饱，睡觉不知颠倒，根本帮不上舜。舜还发明了围棋教商均识数，也没有用。因为儿子无才无德，舜便向上天推荐了威望极高的大禹，做自己的接班人。

在众人的拥戴下，大禹正式即天子位，以阳城（今河南省登封市）为都城，国号为夏。接着，大禹把商均这个可怜的智障少男分封到河南虞城，让他当个快活的小诸侯。

舜失位以后，很快得了老年多动症，带着娥皇和女英一路南行，停停走走，跨过长江，顺着潇水，来到潇水的源头——湖南宁远县的九嶷山，然后就死在了这里。

舜急急地出走，却是去死，为什么呢？难道是大禹逼跑了他？[1]司马迁说

---

[1] 《韩非子·说疑》载："舜逼尧，禹逼舜，汤放桀，武王伐纣，此四王者，人臣弑其君者也，而天下誉之。"《竹书纪年》也说："禹黜舜。"

舜去南方巡狩，这多半是政治流放的代名词。那时的南方可不是温柔富贵的江南，湖南南端的森林里到处是犀牛和毒蛇，散布着被称为瘴气的各种病毒。跑到这种地方的人等于慢性自杀，贵为前任首领的舜在退休以后真没必要去那里游玩。很快，舜衰老的免疫系统就崩溃了，他被病毒一把抓住，大病不起，无药而治，气绝而亡。①

还有一种可能，政坛失意、被迫退位的舜不甘寂寥，组织策划宫廷政变，不料计划泄露，被迫仓皇南下出逃，路途上死于病毒，或者被大禹派出的武装追杀人员刺死。或者，舜没有选择政变这种铤而走险、胜负参半的极端方式，而是离开国都南去，找忠于自己的南方部族，或者不忠于自己但是有一定实力和野心的部族，如三苗，伺机集结武力攻打国都，夺回失去的从前。可惜他的身体顶不住了，一切计划最终落空，舜孤单无助地死于湖南最南端的荒野。

舜在潇水源头的九嶷山下死去，娥皇和女英哭得伤心欲绝。作为国家的第一、第二夫人，晚年迭遭政治打压，蒙尘南荒，不尽的愤懑可想而知。两个人疯疯癫癫地乱跑，从潇水北上拐到了湘水，在那里抒发内心的悲哀。她们的泪水滴答在青竹上，印出斑斑的痕迹，从此这种竹子叫湘妃竹，也叫斑竹。后来，两位夫人痛不欲生，跳入波涛滚滚的湘水，化作了湘江女神——湘君。

舜被草草埋葬在九嶷山阳坡，煦暖的阳光照着这个曾经在河滨制陶、雷泽打鱼，人们追随他如同河流归纳海洋，长着两个瞳孔的矮个子帝王。舜临死前与病毒搏斗的时候，心中最怀念的是什么呢？也许他多么想再次爬上那高高的粮仓，接近蓝天，去为父亲修葺被风吹坏的仓顶。那时候他是一个健康快乐、年轻爽朗的农夫！谁也不知道舜在生命最后一刻有没有后悔自己的从政生涯，他坟墓的确切地点也同样没有人知晓，所谓"九嶷联绵皆相似，重瞳孤坟竟何是？"——大诗人李白经过这里时的感慨。

---

① 《史记》载："（舜）南巡狩，崩于苍梧之野，葬于江南九嶷。"

舜死得不明不白，凄凄惨惨，家破人亡，妻离子散。他的神秘去世，不免引起人们议论纷纷。不过大禹非常善于搞思想工作，人们在生活上得到一些实惠之后，通常也乐于健忘。华夏史上第一桩可疑的帝王死亡案，就这样在沉默中无疾而终。

中国古代有限的美好时期被分为两类：大同、小康。"五帝"（即黄帝、颛顼、帝喾、尧、舜）时代就是大同世界，没有国家没有阶级，所谓"大道之行也，天下为公，选贤与能，讲信修睦。故人不独亲其亲，不独子其子。使老有所终（养老），壮有所用（工作），幼有所长（抚育），鳏寡孤独废疾者皆有所养，"是一个人人想多干活，睡觉不关大门的时代，令人痴痴向往。

舜是五帝中的道德典范，他的死亡是大同时代结束的标志。之后的大禹开启了比大同时代略低级一点儿的小康时代。小康社会的特点是，"各亲其亲，各子其子，货力为己，谋用是作，而兵由此起。"——人人为自己，开始互相掐。并不是大禹后的所有时期都算小康，只有大禹、商汤、周文王、周武王这些明君统治的时代，才算小康社会。可惜中国几千年的历史，大同、小康的好日子，统共没有几百年。而且，即便是在大同、小康这样的好日子里，也不是没有眼泪和叹息的。

## 涂山之会与禹铸九鼎——夏朝诞生了

大禹开创了中国文字记载中最早的夏朝，按史料记载，时间大约是公元前2000年，距今4000年前。这是一个虚无之中的朝代，之所以这么说，是因为除了文字记载，还没有实物可以证实它。

学者们认为，大禹的办公地点先是在阳城，后又迁到了阳翟（今河南省禹州市），这里发现过两个含糊不清的古代小城堡，有几条古代河流交汇于此，是中原的正中心。

大禹生活极其简朴，亲自挖沟种地，掌权之后，也不改素朴作风，见到耕田的农夫必然致敬，经过村落就跳下牛车步行。[①]为了便于管理，大禹根据自己在治水过程中了解到的各地的地形、习俗等，把天下分为了九个州，所以九州也是古代中国的别称。

为了安抚华夏各部落，以及检阅天下究竟有多少诸侯国，维护夏朝和诸侯国的统属关系，大禹以天子名义巡视东南，沿颍水南下，来到淮水中游的涂山

---

① 《荀子》载："禹见耕着耦，立而轼。"

（今安徽省蚌埠市），召开了一次各部族首领大会。参加会议的众多部族名称没有具体的记载，但数量多达一万个。[①]这一数目可能并没夸大，应该是各地原生态的部族发展起来的，其中很多不受大禹的直接控制，虽然名义上发誓效忠夏王朝。大禹直接管控的范围，不过是河南省中西部和山西省南部，以黄河中游的洛阳地区为中心画出的直径不超过1000里的圈。[②]

一个朝霞染红了天空、白露洒满了大地的清晨，繁花开遍了涂山之阳的山岗。从四方赶来的万国诸侯，手捧美玉和丝帛，熙熙攘攘地团聚在会议现场。

司法长官皋陶还为这次盛会准备了歌舞表演，只见演员们披着蓑衣、露着肩头、拎着石耜，以再现的形式表演了大禹治水的生动场面。接着，一拨手持干戚的兽皮武士换上来，重演了征三苗的武功，显示出了夏王朝的威武雄壮。

远道而来的诸侯们欣赏着声情并茂的乐舞，对中原先进的服饰文化赞不绝口，纷纷表示坚决拥护大禹的统治。

这时候，大禹出现了，他穿了法服，手执玄圭，迈着禹步，走到台上，各方诸侯两面分列，齐向大禹稽首为礼，大禹在台上亦稽首答礼。礼毕之后，大禹发表讲话，号召诸侯互相团结，黄河长江联起手来，并首次公布了诸侯每年向夏王朝进贡的贡品种类和数量。

"涂山之会"是大禹向四方宣告夏王朝建立的一个信号。我国历史上第一个奴隶制王朝——夏朝诞生了。大会之后，为表示敬意，各方诸侯常来都城献金（即青铜）。大禹又想起从前黄帝功成铸鼎，鼎成仙去，就打算将诸侯们进献的金，铸造成九个大鼎，作为夏王朝的镇国之宝。

那么，如何铸鼎呢？

---

① 《左传·哀公七年》载："禹合诸侯于涂山，执玉帛者万国。"
② 《史记》"古之帝者，地不过千里，诸侯各守其封域，或朝或否，相浸暴乱，残伐不止。"反映的就是夏商周的天子的直辖区不过千里的事实。

首先要弄出模、范。模是一个东西，范是一个东西。

用泥捏出一个鼎的雏形，这就叫作"模"。模要参照现有的陶鼎形状，加上鼎的耳朵和足，但肚里是实心的。把模用火烘干，使它变得硬邦邦的。再拿小凿子在上边雕刻出动物花纹，比如长着巨睛、大口、独牙、犄角和利爪的饕餮纹。

再用好一点儿的泥制作"范"。一般使用黏土，里边还加上谷糠，防止开裂。这个泥团要反复按揉，最后揉成一张方饼状，啪的一声捆在刚才的泥模上。让模和范亲密接触，压贴紧实。干燥以后，把范切成几块摘下来，取火烘烤，再合成原样，成为坚硬完整的范。范的内壁带着模的花纹。

刚才是外范，下面做内范。只要把泥模按照所做鼎的薄厚，刮掉外表一层，就得到了实心的内范。把内范放在外范的肚子里，二者之间形成的空隙，就是青铜鼎的造型。

接着，把一大锅"热汤"，即明晃晃的高达1000摄氏度的青铜液，缓缓倾倒进外范与内范的间隙里（最好让手稳一点儿的人干）。于是大鼎一次浇铸成功，放凉了以后，打磨打磨就行了。

鼎身可以铸造出铭文，记录一些歌颂功德的话——但大禹时代还没有文字，工匠们就省心了。大禹命工匠们将从前治水时所遇到的各种奇异禽兽、神怪等铸在鼎上，以使九州之百姓知道哪一种是神，那一种是奸，以后进入川泽山林，遇上类似活物，要赶紧掉头逃跑。这个鼎是教民众躲避有害动物或精怪的，相当于一张安全教育宣传画。

重复操作九次，雄浑肃穆、诡奇高贵的九鼎，就活脱脱地一溜排列在阳城宫殿的台基上了，借以显示夏王大禹成了九州之主，天下从此一统。九鼎继而成为"天命"之所在，是王权至高无上、国家统一昌盛的象征。

这九个集合了全国物力和先进工艺的宝鼎，成为国家最重要的礼器，一直流承传袭了2000年，被若干朝代争夺，阅尽沧桑变化，到秦始皇时代时，竟找不到踪影了。至今不知所在，成了千古之谜。

不过，遗憾的是，大禹其实并没有铸出这九鼎。从考古上看，迄今也没有找到夏朝的任何一个青铜鼎，哪怕是小一点儿的青铜器皿也没有。实际上，那个时候还未进入青铜时代。史料上传说的"禹铸九鼎"并不属实，最多只是九个陶鼎。

# 夏启夺位，废除禅让制

司法长官皋陶，资格很老，是舜的铁哥们，年轻的时候在河滨烧陶。舜管他叫"阿陶"，并在摄位后推荐他进朝廷当官。后来，皋陶却改变立场——转变的机缘，由于史籍缺失，我们不得而知了——成了舜的政敌大禹的追随者与鼓吹者，并用司法手段捍卫着大禹的神圣地位。

作为回报，大禹即帝位后给了皋陶优厚的待遇。大禹在大会上说："我作古了，继承我们夏朝事业的，除了皋陶还有谁呢？"[1]满面喜色的皋陶期待着那一天的到来，结果死神却敲响了他的房门。这个大禹指定的接班人，很不情愿地撒手人寰了。

老资格的皋陶死了，顶上来的伯益，成了国家的第二把手。"凿井英雄"伯益在治水和征三苗过程中，功劳冠于众人，一直充当着大禹的副手。在当时人们的心目中，伯益是仅次于大禹的英雄人物。大禹感到众怒难犯，只好顺水推舟，将他定为了继皋陶之后的另一个候补天子，诏令伯益"任政"，就是负

---

[1] 《史记》载："禹即帝位，以皋陶最贤，荐之于天，将有禅之意。未及禅，会皋陶卒。"

责国家日常工作的意思。

这时候，治水组合开始分道扬镳，契和后稷自觉如履薄冰，纷纷卷着行李赶奔东方、西方各自的封国去遁身远祸。伯益看着他们离去，犹豫了好一阵，但最终还是决定留下来，小心翼翼地做好自己的本职工作，与大禹保持着不即不离的领导与被领导的关系。

大禹心机深沉，表面上肯定伯益的继承人地位，处处表现出对他的信任，但暗地里却架空伯益，培养重用儿子启（也称如启、夏启）。重大事件大禹都让启去做，使得启在人们心中的地位迅速提高，而继承人伯益并没有新的政绩，过去的功劳也渐渐被人们所忘记。[1]

在位十年后，大禹突然想起自己在治水时去过的茅山（今浙江省绍兴市），打算故地重游，到那里巡狩一下，亲眼看看自己的工作成果，同时也向四方诸侯提醒自己的存在——从前舜就是忽视了这一点。

治水时，大禹曾在茅山会聚了许多部族，对他们的治水成绩进行评估，有功的奖赏，有过的惩罚。这可以说是我国最早的绩效考核。后来，茅山改名为会稽山。"会稽"，即"会计稽核"之意，登账、核对。[2]

于是，大禹以天子的气魄发号施令，各方诸侯都要在某月某日到会稽山来朝拜自己，先到者有赏，后至者必罚。

消息传出，四方诸侯人心惶惶。多数人都知道大禹脾气大，比较死板，于是纷纷牛不停蹄，千里迢迢，日夜兼程地赶往会稽山。

命令发出后，大禹也带着自己的臣僚南下。渡长江时，一条大黄龙突然一头把船给扛了起来，船眼看要翻。船上众人脸色煞白，唯独大禹嘻嘻一笑，他

---

[1] 《吕氏春秋》载："人伤禹以贪位之意。"指大禹贪图帝位，想传给自己的儿子。
[2] 《越绝书》载："禹始也，忧民救水，到大越，上茅山，大会计，爵有德，封有功，更名茅山曰会稽。"

看这大龙犹如蚯蚓，说："我受命于天，竭尽自己的力气而为万民劳作，生如同寄宿住店，死是回归老家，有什么能扰乱我心的。"大龙闻言，就合了耳朵，摇着尾巴逃走了。

到了规定的日子，会稽山上，几千名气喘吁吁的诸侯济济一堂，手里个个都举着进贡的方物（土特产），不外乎玉石、珍珠、丝绸，还有细葛的布、牛的尾巴、鸟的羽毛、大象的牙、犀牛的皮、磨刀的石头、制弓的木材、乌龟的壳，都是奇奇怪怪的东西，还有的拿着橘子、柚子，甚至拎着一桶植物漆，景象颇为壮观。

不幸的是，会后大禹就病倒了。大禹感觉自己病情严重，已经没治了，就把伯益召到身边，嘱咐他丧事一定要从简，说完就驾崩了。大禹被埋葬于会稽山上。

据说，大禹的坟坑很浅，才七尺，弄不好就会被水渗浸了，随葬的只有三套衣服，棺材用桐木制成，厚度为三寸，实在很薄啊！作为一个水利专家，大禹对生活条件和死后环境都看得很轻，跟现在的科学家差不多。他的坟墓也没有霸占出一大片青松茂柏的陵园，而是在坟旁就任凭别人耕地翻垄，种植庄稼。①这就跟如今乡下老农地头的坟，没有任何区别。

在大禹死后的三年丧期里，伯益担任见习天子，履行治理国家的职责。伯益为人忠厚，当了三年见习天子，忙于处理政务而忽视了拉帮结派。到了三年末尾，他准备接受大臣和诸侯的考核，就躲到箕山（今河南省登封市）上，等着他们追来劝自己正式转正为天子。没想到，大臣和诸侯都跑到大禹的儿子启那里，推举启做了天子。

消息传来，伯益感到很失落，他叹了口气，说："这些年来启拼命游说大

---

① 《墨子》载："禹葬，衣衾三领，桐棺三寸，葛以缄之。下不及泉，上不通臭。既葬，收余壤为垄，若参耕之亩。"

臣，笼络诸侯，作为大禹的老部下，我又能怎么办呢？难道我也召集人跟他抢位置？那岂不是有愧于大禹的在天之灵？"

后来发生的事情，史书上有两种截然相反的记录：

一种是伯益果然拉起队伍跟启对着干，但是启已然羽翼丰满，根基更深、实力更强，联合拥护者一起对伯益发动战争，杀了伯益，夺得了首领的权位。伯益的儿孙向东、北、西三个方向逃窜，依旧以嬴为姓，后来大部转移到陕西省，成了嬴姓秦国人的祖先，在2000年后兼并战国诸雄，统一六合，建立了大秦朝。

另一种是伯益没有造反，成了启的卿士，一人之下，万人之上，他逝世后，夏王朝为其举行了隆重的祭祀。

总之，启成了中原大地上的一根独苗，正式取代伯益继位夏朝天子，公开宣布自己是夏朝第二代国君。从此，父亡子继的"家天下"制度便取代了任人唯贤的"公天下"制度。

## 中国第一首情诗，竟出自夏启之母

启有着传奇的诞生经历，并且见证了中国古代一个凄美的爱情故事。事情要从大禹当年东奔西走、忙于治水的时候说起。

大禹非常认真负责，带领着治水的人马走遍中国大地。一次，他治水到了涂山（今安徽省蚌埠市），与涂山氏的女儿女娇认识并相爱了。但大禹因为心系治水，来不及成婚，独自离开涂山到南方其他地方巡视去了。

女娇很迷恋这个北方来的大个子，坚信他是个英雄，有一天会来娶她的。她经常跑到涂山南坡去等候她的情人大禹，还唱歌道："候人兮猗！"就这一句，一遍一遍地来回唱。

"候"，指守望；"猗"是古汉语的叹词，相当于现代语的"哎""啊"等。"候人兮猗"，被称为南音之始，据说是中国有史可查的第一首情诗。这首诗虽然仅有四个字，但伏婉起转的旋律，表达了女娇强烈的相思之情。

不久，女娇发现自己怀孕了，正在急躁，大禹出现了。在涂山氏族长的主持下，他们把一只葫芦切成两半，各自舀了酒，一人一瓢，喝了交杯酒。两个瓢合在一起，象征着互相找到了自己的另一半。

　　大禹的婚后生活十分幸福，可惜只持续了短暂的四天，就忙于治水再也没回来了。女娇在家苦等，实在忍不住了，就偷偷跑到大禹的治水现场（在古代女子不允许外出露面）。结果，她看见大禹变成了一头熊，吭哧吭哧地撅着屁股在拔那些杂树。女娇看了非常恼恨，伤心欲绝，掉头猛跑。突然，晴天一声霹雳，大雨倾盆落下。女娇在雨中化成了一块巨石。

　　大禹追过去，对着石头说："既然你不肯当我的妻子，那就请你把儿子还给我。"

　　于是石头裂开，中间蹦出一个光屁股小孩，这就是启。启就是裂开、开启的意思。大禹抱着孩子，哭哭啼啼地回去了。最终大禹赢了，把孩子从母亲那里带回了都城阳城。[1]

　　如今，安徽省蚌埠市的涂山上还有"启母石"，形神兼备，旁边还有香烟缭绕的禹王庙。热闹和财产都集中到禹王庙里了，这里只剩了块石头。这个可怜的在山顶唱情歌的女孩，最后失去了一切。

---

① 以上据《淮南子》。

## 甘之战的意义：夏朝稳了

启长大以后，通过非常手段接了大禹的班，开创了"父传子、家天下"的时代。袭位以后的启，抛弃了大禹的节俭传统，沉迷于声色娱乐，喜欢在野外宴饮。[1]他召集各方诸侯和部族族长，在钧台（今河南省禹州市）大摆宴席，以确立自己的统治。[2]与会代表中有一个来自户县（今陕西省西安市）的部族有扈氏，对启破坏禅让制度的做法十分不满，拒不服从其命令。

启怒不可遏地对臣下说："一个部落尚且不能号令，何以号令天下部落？我将御驾亲征，事关大夏的百年大计，你们谁也别拦我！"于是大起六军，西讨有扈氏。[3]

从钧台出发，西行400多公里进入户县。这段路程放现在开车的话需要4个小时，启步行恐怕要走40多天。一路地貌渐走渐高，穿越夸父山和桃林塞，进

---

[1] 《墨子·非乐篇上》载："启乃淫溢康乐，野于饮食。"

[2] 《左传·昭公四年》载："夏启有钧台之享。"

[3] 《史记·夏本纪》载："有扈氏不服，启伐之，大战于甘。"

入陕西关中平原。

启的六军风尘仆仆地来到陕西，交战之前，启觉得有必要向军队申明纪律，于是召来主要将官誓师讲话："六军长官们，有扈氏违背天意，轻视金木水火土五大行星，怠慢甚至抛弃了我们颁布的历法。上天因此要断绝他们的国运，现在我要奉上天之命对他们进行惩罚。"①

人怎么会轻视五大行星呢？大概就是不敬畏天象吧。启宣布了有扈氏的罪状，声称自己是奉天之命，进行讨伐，然后杀气腾腾地在将士面前发布军令说："作战的时候，战车上左边的弓箭手不向左方射箭，右边的长矛手不向右方刺矛，就是不服从命令；驾马的人干涉与战马无关的事务，也是不服从命令。服从命令的，将在祖先的灵牌前得到赏赐；不服从命令的，将在刑场上就地处决，子女也都卖作奴婢。你们不要怀疑，我会亲自主持惩罚，一个都不会放过。"②

启在喊话中提到了战车，这是当时的工匠奚仲的发明，由两匹马拉着一辆独辕车，两个木轱辘，在战场上炝着蹶子跑，是一种新鲜有趣而且生猛的玩意儿。

战车是怎么发明的呢？把拉车的牛换成马就是了。因为中国人知道马很晚，所以这时候才有战车。马多半是从西方传到夏朝的，而且个头不大，力气也小，只能两匹马合在一起驾乘，不适合骑乘。直到汉朝以后，又引进西域宝马进行杂交，马的品质才提高了一些。

当时西方也有战车，两河流域的苏美尔人在1000多年前发明了世界上最早的战车，是实心圆木板的轮子，用驴子拉车。驴子跑起来是很倔的，恐怕组不成阵列。

---

① 《史记·甘誓》载："有扈氏威侮五行，怠弃三正，天用剿绝其命，今予惟恭行天之罚。"
② 《尚书·甘誓》载："左不攻于左，汝不恭命；右不攻于右，汝不恭命；御非其马之正，汝不恭命。用命，赏于祖；弗用命，戮于社，予则孥戮汝。"

下面说一下启的士兵的装束。

当时没有金属铠甲，有整片牛皮制成的皮甲和牛皮头盔就很知足了。他们还使用一种叫作"石护肘"的防护设备，是石头打磨成的套筒，要趁少年时套在手臂上，随着身体的生长而与手臂长成一体。交战时，可举起套着它的手臂来拦挡敌人的砍杀。做一名石器时代的战士，需要很大的勇气，因为当时的箭头是石制的，穿透能力和放血效果不佳，所以要挨上好多箭才死。有一个出土的青年男子，肚子里有十余枚石箭头，攒了这么多才死去，中间一定很疼。

启与有扈氏的大战，史称"甘之战"，因战斗地点在陕西户县南郊的甘地而得名。有扈氏人单力薄，最终战败。

双方死伤惨重。"飞石索"投掷的石球打烂了很多人的鼻子，藤木盾牌被石斧砍成了烧火的劈柴，因为砸得太用力而断了头的石锤与被砸瘪的人头相互映衬，由于牛筋不结实而断了弦的弓还没来得及接上，它的主人就被群集而至的敌人扎死，手里还兀自摸着腰间那根备用的弓弦……石器时代的战场特点一目了然，那就像地震过后的难民，一切都被砸得扁扁的，贴在地上，血肉模糊，无从辨认。

而未来青铜时代的战场，躺在地上的人则类似一堆堆蜂窝煤——这是穿刺类兵器戈矛造就的效果。铁器时代的战场，则像收割后的庄稼地，很多麦穗和麦秆分了家，因为铁制的大刀可以劈砍。至于现代的战争，那就仿佛海滩度假的人了，躺在地上看不出什么伤口，却湿漉漉地淌出血。

甘之战，有扈氏被启的诸侯联军打得尸横遍野，封国也亡了。有扈氏的子民都被贬做奴仆，担任牧猪的工作。当然，战俘还可以杀了去祭上帝，献给上帝当仆人。战俘是奴隶的主要来源。从此，各方诸侯再无人敢生异心，王位世袭制就此奠定，夏朝统治至此稳固。启以国名为姓，改"姒"姓为"夏"。

夏启打败了有扈氏，到晚年时他的儿子武观又来侮辱他了。夏启有五个儿子，分别是太康、元康、伯康、中康和武观。其中第五子武观不讲礼仪，野心勃勃，被夏启放逐西河（今河南省安阳市）改造。武观大为不平，就蓄积力量，三年之后在西河发动叛乱，史称"武观之乱"。夏启派彭国国君彭伯寿带兵征剿。彭国寿跨过黄河，用了一年的时间把武观的乌合之众打得四下飞蹿。武观认罪，被带回都城交给夏启处理。

　　虽然武观低头认罪了，但夏启对他终不放心，为巩固政权，还是把武观杀了。各地诸侯听说夏启冷酷而果断地平定了武观叛乱，杀掉了自己的儿子，无不老老实实地前来朝见。夏朝就这样在兄弟子嗣相残的腥风血雨中建立了起来。

# 窃国者（上）：后羿代夏

夏朝人的平均寿命是32岁左右。夏启也没有活太久，死后直接把帝位传给了长子太康。

太康马上以实际行动暴露了世袭制的弊端：娇生惯养，好吃懒做，沉湎声色，不理政事。他把都城迁到斟鄩（zhēn xún，今河南省洛阳市，也就是二里头遗址），行为越发放荡，时常到远离都城的地方去打猎，大臣们的劝阻都被他当作耳边风。

打猎，是古代最令人痴狂的户外运动，那就像推着购物车在超市里采购，使人欲罢不能。太康肩膀上扛着一根棍子，嘴里叼着一个骨哨，在大自然里"采购"，狗熊啊，大象啊，犀牛啊，都打死了往"购物车"里装。那时气温比现在高两三度，中原也是亚热带气候，保存着大片的森林沼泽。太康还可以看见大熊猫、竹子和孔雀等一些南方来客。

太康吹着骨哨，顺着洛水一路南行，越走越远，跟大象、犀牛玩起了捉迷藏，过了100天还没有回来，也不知道是不是被大象吃了。朝廷群龙无首，大臣惶恐不安，有识之士预感要出大事了。

这时候，有一个人带着他的部族，挎着弓箭，从东边向这里移动，来捕获洛阳地区的猎物。这人就是射日英雄后羿的后代——夏朝东夷族有穷氏首领，他武艺精湛，箭法高明，给自己取名夷羿，不过人们习惯管他叫后羿。这样说来，前边射日的那个倒应该叫羿，而不是后羿。到底该怎么叫，实在是乱——早在春秋战国时代就已经弄乱了。鉴于现代人的习惯，我们也把这位后出场的后羿的后代叫后羿吧。

后羿肩上斜挎着弓箭，面色冷傲。他的发髻上套着一对野猪獠牙的束发器，脖子佩戴着骨制的小管子项链，双臂套着十几对白色黄色的陶镯，胸前挂着龟和鸟造型的玉石，腰上缀着一副甲囊，甲囊里存着几枚石针和古代打火机。这是东夷族人典型的装束，非常酷。①

阳光透过树影，照耀着丛林中疾行的野心灼灼的后羿，他盯着天空，闷声不响。他的身后跟着武罗、伯姻、熊髡（kūn）、龙圉（yǔ）四大护法，还有一个叫作寒浞（zhuó）的副官。这群在东夷族享有盛誉的人，此刻正从山东赶往中原，目的是把耽于游乐、不得人心的太康，堵在返回都城的路上，同时控制夏朝都城。

这时，昏聩的太康在洛水南边打猎尽兴归来，已被后羿定罪为"侮辱了金木水火土五大行星"（这话不陌生，夏启也是这么给有扈氏定罪的）。后羿及其四大护法拦住他，剑拔弩张。太康不得已，只好叼着骨哨向东逃跑，跑了200多公里，横穿河南省，到了东部的阳夏（今河南省太康县），筑城住下，最终死在那里。

赶跑了不争气的太康，后羿还不敢自立为王，因为支持大禹后裔的诸侯尚多，所以他就把太康的弟弟中康，立为夏朝第四任天子，实权仍在自己手里。

中康做了几年傀儡，忧愤而死，儿子相继位，接着当傀儡。后羿觉得时机

---

① 此段关于后羿装束的描述，根据山东地区该时期出土的人物塑像及文物。

成熟，就罢黜相，将相放逐到斟灌（zhēn guàn，今山东省曹县），自己接起相的石钺，做了国君，树起了"有穷国"的大号。这就是历史上有名的"太康失国"和"后羿代夏"事件。

夏朝立国不过30年，就这样被东夷人接管了，真是富贵不过三代。大禹谦恭谨慎，夏启倨傲忘本，太康成为"烧包"，中康就只好下庄了——这是一个优美的正弦曲线，兴衰的必然规律。

## 窃国者（下）：寒浞篡位

后羿掌握了王朝，却没有作巩固政权的打算。他仗着自己善于射箭的本领，也作威作福起来。他和太康一样，不关心人民的生产和生活，迷恋打猎。他最喜欢的事就是欺负野牛，经常带着一群人从四面鼓噪，把野牛赶向两行设置好的石堆之间，逼着它们跳下险峻的悬崖。他射野兽百发百中，曾射到一只超级大的野猪，然后把它蒸成肉膏，献给上帝。①总之，后羿不喜欢跟人玩儿，更喜欢跟动物玩儿，乐此不疲。

当时国家的官僚体制尚不完备，需要天子事必躬亲。后羿不问国家政事，只好委托别人。他放弃手下的四大护法不用，却重用副官寒浞，拜他为相，让他总揽朝政。寒浞是古代第一个奸佞小人，从小游手好闲，13岁被族长驱逐，后来投奔后羿而成为后羿的助手。他谗谄、邪恶、奸诈、虚伪（即谗慝诈伪），是个心眼多多的大坏蛋。他极力网罗党羽，广泛行贿同僚，拥有很大势力，深得后羿信任。最后他野心膨胀，收买后羿的跟班，带着他们吃吃喝喝，

① 事见《左传》《天问》。

伺机谋杀后羿，阴谋夺权。

庄子有句话叫作"得鱼忘筌"①，意思是捕到了鱼却忘掉了筌（捕鱼用的竹器），达到了目的却忘记了当初实现目的的手段，不再延续该手段。这大约就是说后羿呢。

这一天，后羿拿着筌，在水里扣鱼。扣鱼的地方叫作桃梧，在山坡上，桃花灼灼，春色烂漫。后羿的跟班们都站在岸上，持着竹竿从上流殴鱼，齐起齐落，把鱼往后羿这边轰。后羿站在水里，把筌举过头顶，奋力向鱼多的地方掷过去，一下子扣住很多鱼，大大小小的鱼被围在筌里。后羿喜滋滋地跑过去看筌，像一个贪财的人捡到很多钢镚儿似的，然后命令岸上的人向他射击——准确地说，是向鱼射击。

大伙儿七手八脚地往筌里放箭。那些鱼都被困在水中的筌里，一条也跑不脱。大家的箭杆上都带有孔，便于系丝线。一箭射在鱼腰上，再一拎丝线，就可以把鱼拖上岸。

筌里噼里噗噜翻滚着水花，鱼们被射得乱窜，后羿在旁边趴着观赏，刚要叫好，自己的腮帮子却中了一箭，是牛骨的箭头，带着一股中药的味道。后羿大喊："哎，你们别射我啊！"话音刚落，1500支利箭同时向他扑来，就像车轮溅起的泥点。后羿被封在泥里面——水里凭空多了一只"刺猬"。

后羿遥望了一下岸上的桃花林，扑通一声倒在了筌里，鱼们突然有了一个大个子的伙伴。

寒浞命人将后羿的尸体打捞上来，做成肉羹给后羿的儿子吃。这个孩子是素食主义者，坚决不肯吃。寒浞就把他拖出去，处死了。

---

① 《庄子·外物》载："筌者所以在鱼，得鱼而忘筌。"

# 少康中兴：靠五百人复国

后羿风流云散，死得无地自容。后羿的媳妇，名字叫纯狐，细肤如脂，色美如玉，美得像只小狐狸。寒浞长着一张"老鼠的尖嘴"，鼠须一颤一颤的，一双三角眼，色眯眯地盯着纯狐。纯狐又有什么办法呢？在失去丈夫和儿子之后，纯狐很快便与仇人寒浞私通了。随即，寒浞自立为王，改国号为"寒"，立纯狐为正妃。

寒浞的文化水平不高，与纯狐生下两个孩子，给他们起了匪夷所思的名字——浇（ào）和豷（yì），不知道的还以为是动物园笼子里的野兽名字呢。"豷"从写法上看，是一只野猪，意思是非常生猛，呲着獠牙。"浇"则更加生猛，意思是傲气，力大无穷，力胜十牛。

浇是个大力士，能旱地荡舟，人称"荡舟浇"，就是把小船放在地上，拿船桨划着走——这得克服多大的摩擦力啊。膂力过人的"荡舟浇"得到情报，夏朝天子相逃窜到山东地区，联络了该地区两个同姓诸侯斟灌氏、斟鄩氏，思谋着给夏朝复辟呢。

"荡舟浇"于是和弟弟豷各率一路人马，奉父亲寒浞之命，前往山东剿杀之，正好遇上不自量力的相亲自领兵邀战。两军相接，立刻一场血战，"荡舟羿"划着旱船，把相及其麾下的斟灌氏、斟鄩氏两路诸侯打得狼奔豕突，肢体残缺不全，相也被捉住杀死。

接着，"荡舟羿"直奔相的家，搜索相的媳妇后缗（mín）。当时后缗正怀着孕，看见士兵冲进城来，就挺着肚子，从城墙的一个狗洞中爬出来，逃到了娘家有仍氏（在今山东省济宁市）。不久，后缗生下了儿子少康，这是维系夏朝的最后一点儿血脉。少康长大后为有仍氏的牧正，就是牛羊倌。

"荡舟羿"得知少康的存在后，开始了疯狂的追杀。少康赶紧向西逃到虞国（今河南省虞城县），做了有虞氏的庖正①，即大厨师长。后来，有虞氏首领虞思将女儿二姚许配少康，并把纶邑交由少康管理，让他安心住下来。纶邑有一块田地，外加500个士兵。②少康不忘父仇和亡国之辱，以纶邑为根据地，每天让士兵赤着脚、扛着矛，在田头踏着烂泥训练，为复国准备力量。

少康派大将女艾去有穷国打探，准备恢复夏朝。女艾回来报告说："寒浞仗着儿子羿力大无穷，就得意忘形，狂纵无度，完全放松警惕了。"

"可是，以我区区500人的民兵，吃着一小块田里的军粮，啃得动寒浞的正规军吗？"少康忧愁地低下了头。

女艾接着说："夏朝老臣伯靡，已经在有鬲氏训练出一支很有战斗力的军队，还暗中联络残存的斟灌氏和斟鄩氏族人，随时准备主动攻击寒浞，恢复夏朝。"

少康顿时看到了希望，"伯靡有兵，想造反，恢复大夏，而我作为大禹的五世孙，正好可以号召民众啊！"

果然，伯靡得知少康准备夺回政权，就亲自带兵投奔少康，组成一支复国

---

① 庖正，夏朝的一个职官的名称，负责掌管饮食，为庖人之长。
② 《竹书纪年》载："有田一成，有众一旅。"

大军，向有穷国宣战。

伯靡突然攻打寒浞的都城。因为自大，缺乏戒备心，寒浞兵败，被乱军所杀。少康则进攻寒浞大儿子槸的封国——过国。槸带兵迎战失败，脑袋掉了，封国也没了。少康又命自己的儿子杼（zhù）领兵攻打戈国——寒浞二儿子豷的封国。豷虽然名字生猛，但力气并没有他哥哥那么大，被夏军击败。杼杀死豷，收复了戈国。曾经傲视天下50年的有穷国至此被彻底消灭。

少康即位，恢复大禹之迹，史称"少康中兴"。亡国多年的夏朝奇迹般地重建起来了。

# 暴君夏桀和妖姬妹喜：不作死，不会死

少康的儿子杼接班以后，大举征伐东夷部族，作为对后羿、寒浞一族的反攻。所谓东夷族，不只是一个部族，他们广泛分布在山东地区。

因为东夷人善射，杼就发明了皮甲防身，把牛皮或者犀牛皮割成小块，再用丝绳连缀成衣甲。这比从前蚩尤时代披着整张牛皮进步多了，因为整张牛皮束缚身体，行动不便。据说杼还发明了进攻的矛，其实最多是改良了矛，比如在矛头刃部加个可以放血的血槽，或者加固了矛头与矛柄的连接方式。

杼率兵征伐东夷，得到沿途诸侯的支持。他控制了很多地方，一直打到大海之滨，抓到一个象征和平的吉祥物——九尾狐。九尾狐在先秦时期被视为西王母身边的神兽，是子孙兴旺的祥瑞象征。夏王朝的威望在各地大大增高，一些原来叛离的诸侯又重新臣服于夏。

杼班师回朝，没过多久就死了，年仅27岁。杼年纪轻轻，却能够继承大禹的事业，成为夏朝的有为之主，这可能得益于他小时候在有虞氏的泥地里观看父亲少康训练泥腿子士卒的经历吧。

杼死后，夏朝的历史就变成了一部枯燥无味的流水账。杼的儿子槐继位，九夷来朝，表示愿意听从调遣，这是由于上一代的功烈使然。槐在位44年，先后征服了一些部落，扩展了夏朝的势力。

槐病死后，其子芒继位，继位时举行了隆重的祭黄河仪式。除了把猪、牛、羊沉入河中，还豁出老本，把当年舜赐给大禹以表彰其治水成功的玄圭沉于河水中，表示虔诚。这就是"沉祭"，一直延续了数千年的仪式。祭河之后，芒又跑到东海之滨，捕捉到一条很大的鱼。群臣向芒称贺，认为是神所赐予，可永保太平。

芒在位约18年而死，其子泄继位，其间对畎（quǎn）夷、白夷、赤夷、玄夷、风夷、阳夷给予爵位，夏朝继续大一统。

泄病殁后，其子不降继位。不降是夏朝在位时间最长的君主，平定了九苑（夏王朝西部一个诸侯）的叛乱，临死前把王位传给了弟弟扃（jiōng）。

扃在位约18年而死，其子胤甲（亦作廑）接班。胤甲在位时，迁都于西河（今河南省安阳市汤阴县）。胤甲是夏朝的一位守成之君，此时的夏王朝国势强盛。胤甲在位8年，死后葬于西河附近。

此后，夏朝发生嗣位之争，不降的儿子孔甲，从叔叔扃、堂弟胤甲这一支夺回了王位。但是孔甲非常平庸，好鬼神，不务正业，夏王朝逐渐衰微，诸侯开始背离，孔甲也无可奈何。到了他的儿子皋和孙子发，情况还是没有改观。等发的儿子夏桀接班的时候，夏朝已经如强弩之末。

夏桀打算重振辉煌，即位以后，为了控制局势，就拿山东滕州市的有施国开刀，想让诸侯重新认识一下天子的威力。有施氏从前对夏桀横挑鼻子竖挑眼，为了杀一儆百，夏桀调集了上万人的军队，集结在有施国的小城之外。夏桀坐在战车上，耀武扬威，他勇武有力，能徒手与熊罴搏斗，力裂兕（sì）虎，拉直铜钩，他又喜欢勇士，身边一大帮跟班都能手裂虎豹。

看见对方如此生猛，有施氏失去迎战的勇气，选了一个超级美女妹喜进献给夏桀，请求投降。

妹喜长得很美，当时有诗歌称赞："有施妹喜，眉目清兮。妆霓彩衣，袅娜飞兮。晶莹雨露，人之怜兮。"夏桀一看这个细腰雪肤、长发及臀的纤瘦型美女，就心生怜惜，再也不说灭有施氏了，急不可待罢兵回朝。

夏桀非常宠爱妹喜，把她接到斟鄩。这里最早是太康、后羿的都城，少康复国后改阳夏为都城，儿子杼又挪到了老丘（今河南省开封市东），胤甲又躲去了西河，现在夏桀搬回来了。

妹喜看见夏桀的王宫是以前旧城留下的，早已陈旧不堪，不太高兴。夏桀赶紧下令大兴土木，建造了一座很漂亮的宫殿。新宫殿修得很高，从地面往上看，有一种将要倾倒的感觉，所以取名"倾宫"。夏桀又在倾宫里用美玉、石头彻出了琼室、瑶台。修好以后，夏桀就挽着妹喜在其中纵情声色，寻欢作乐。

因为妹喜喜欢音乐，夏桀就组建了一个庞大的演唱团，一共三万名女子，都穿着文绣衣裳，从早到晚讴歌不断，聒噪之声传遍宫廷内外的大街小巷。[1]当时，人们早上要去农贸市场买东西，这里的人最多，夏桀就把一群母老虎关在笼子里，拉到市场放出来，老虎们追着老百姓咬，看大伙惶恐躲避，以此为乐。

当时政府规定，一人分50亩地，十分之一粮食上交国家。但是夏桀赋敛无度，宫里粮食多得吃不下，就酿成美酒，并挖了一个巨大的酒池装酒。池里面能够行船，乐师和歌女站在船上，鼓手安置在岸边。

夏桀与妹喜泛舟于酒池之上，一通鼓响过后，命3000个善于喝酒的人从殿外奔跑而入，趴在池沿，像牛饮水一样猛吸起来。好多人喝醉了掉入酒池淹死。妹喜觉得非常有趣，嘻嘻而笑，引为乐事。

夏朝贤臣关龙逄（páng）[2]实在看不下去了，多次指出夏桀的过错，希望

---

[1] 《管子》载："昔者桀之时，女乐三万人，晨噪于端门，乐闻于三衢。"
[2] 中国历史上第一位名相，做了发、桀两代夏王的相。因为进谏忠言而被杀。

他能效法先王，善待民众，用心治理天下。若继续挥霍无度，任意杀人，亡国的日子就不远了。但夏桀根本听不进去，说："我是太阳，居天下之上，永远存在，谁敢反我？"

后来，这句话传到了老百姓的耳朵里，没想到老百姓竟指着太阳咒骂："太阳啊，你什么时候灭亡？我们宁可和你一起灭亡！"（时日曷丧，予及汝皆亡！）这便是成语"时日曷丧"的由来，表达了一种誓不与所憎者共存，痛恨到了极点的心理。

夏桀对絮絮叨叨、净说难听话的关龙逢厌恶极了，喊士兵把他囚禁起来，不久就杀了。夏桀还警告朝臣们说："今后再有像关龙逢这样的人来进言，一律杀头！"于是贤臣绝迹，言路断塞。

到了晚年，夏桀更加荒淫无度，一个月不上朝。夏桀日益失去人心，众叛亲离，把夏王朝推向了灭亡的境地。

五

商朝：刻在甲骨上的文明

## 商汤辨味识伊尹的故事

商汤，一个梳着矮髻（东夷人的典型发型）的小个子中年人。他的祖爷爷，就是山东大地上的一只燕子。一天，一个叫简狄的女孩去池塘洗澡，看见燕子从空中扔下一个鸟蛋。简狄刚好饿着肚子，就一口吞了，于是怀孕生下一个男孩，取名为"契"。

契长大以后离开东夷，跑到中原发展，担任舜帝的司徒一职，管理百姓和田地，并且与大禹过从甚密，成了治水班子中的重要一员。因帮助大禹治水有功，契衣锦还乡，被舜帝赐"子"姓，封于"商"，他的子孙们以"商"为族名，形成了商族。每当回忆到这里，商汤总会情不自禁地向西眺望，仿佛听见了黄河的涛声滚滚，看见了中原的花花世界。

伟大的祖爷爷契去世后，成为商族人祭祀崇拜的对象，而这时候大禹也建立了夏朝。契接下来的诸代传人，带领商族人完成八次迁徙，足迹涉及山东、河北、河南三地。在南北流徙的过程中，商族第七任首领王亥发明了牛车，利用牛车拉东西，在各个部落之间贩卖不同的物品，并因此积累了大量财富。因为商族人王亥开创了商业贸易的先河，所以后世就把生意人叫"商人"了。

商族人徘徊了500年，又回到起点，返回祖爷爷契始封的地方——河南省东部的商丘，时间是夏朝末年的夏桀时代。作为契的第十三代孙，商汤此时正坐在河南商丘的一棵大树下面，嘴里嚼着植物叶子。他的屁股底下垫着一块石头，作为东夷人，他们喜欢这样坐着。这一坐姿被记录到了"夷"字的甲骨文写法上（图3），即屁股坐着高高的石头。

图3　甲骨文的"夷"

商汤的头顶梳着商族人流行的平顶冠，有点像现代的护士帽子，因为相比于华夏族，东夷人的发髻低矮，所以平顶就够了。有时候他还把头发改编成辫子，盘在太阳穴、额头一线成为一圈，这种情况下，他干脆就不戴帽子了。

商汤上身穿着交领右衽的短衣，与甲骨文中"衣"字的写法相合（图4）；下裳是类似现今妇女的短裙，这短裙是前后两片，一片蔽前，一片蔽后，左右两侧各有一道缝，可以开合。为避免腿部寒冷，商汤还用布条缠绕小腿。商汤的脚下是一双葛藤皮编成的鞋子，尖头高高翘着，叫作翘尖鞋。商族人都不蓄胡子，所以商汤的下巴按照商人的习俗，刮得一干二净。[1]

图4　甲骨文的"衣"

---

[1] 依据河南安阳侯家庄商代墓葬中出土的白色大理石雕像。

在我们的印象中，作为东夷人的商族人，脑袋扎着白布条，持弓带箭，尚武好猎，比如蚩尤、后羿，都是这样。其实，这是对东夷人的误解。东夷人确实体格粗大，强勇有力，但并不妨碍其天性谨厚，性情柔顺，好让不争。商汤就是仁让的楷模，他为人和蔼可亲，还特别喜欢小动物。

有一次，商汤外出打猎，看见田野上四面都布满了捕鸟的网，密不透风，网孔大小正好能钻进鸟头，一旦鸟头钻入，羽毛卡住，就会欲进不能，欲退不得，眼睁睁地等着被人活捉。当有成群的鸟迁徙路过时，一次就能网到很多只。

商汤对布网的族人说："这样做会把鸟全捕尽的，赶快把网撤掉三面，只留下一面。鸟儿们想往左飞就往左飞，想往右飞就往右飞，确实厌倦了生命的就飞到网里来吧。"

现在我们所说的"网开一面"，就来自于这个"网开三面"的故事。

周围的部族听说这件事后，都认为商汤有仁德，纷纷赞扬道："汤的恩德已经到极点了，连禽兽都受到他的庇护，更何况是人呢？"于是，一个叫伊挚[①]的大厨师，就背着他的陶鼎和菜板子，慕名来投奔商汤了。

在当时的部族里边，血统决定地位，庶民休想当官。伊挚就是一个庶民，他做厨师的目的就是得以接近商汤。伊挚做了最拿手的"鹄鸟（即天鹅）之羹"，装到玉盘里，献给商汤品尝。

商汤觉得非常好吃，便令厨师来见，伊挚这才见到商汤。成语"缘鹄饰玉"就来源于此，指因缘际会而登上高位。

"我是个厨师，煮饭是我的工作，但我从煮饭中悟出了治国安邦的道理。"伊挚说，"煮米也好，煮肉也罢，都要用文火慢慢来。我把各种佐料切碎，使它们的成分掺和起来，味道相互调和，做到和济五味，酸中带甜，甜中

---

① 伊挚，商朝开国元勋，杰出政治家、思想家，中华厨祖，中原菜系创始人。

带咸，精妙细微，不能言传。各种味道不能过度，要辣而不烈，淡而不薄，甜而不腻，咸而不厚，酸而不酷，这就是调和主义、中庸思想。具备中庸思想的这种滋味溶解于水中，无影无形，不能辨别其一端，混合天成，却甘美异常。它浸入肉的体内，再从肉体散发出来，直传到几百米远，扑钩人的鼻子，肉就算煮到最高境界了。我把这种观念引入为政，为政就要讲究调和，调和是为政的道理，调和各种势力，为政如春风化雨，政策竟润物无形，君臣相符，百姓克偕，人民和合，全在一锅当中，这是为政的化境。我这煮肉羹的锅，包含了深刻的为政之道啊。而调和、妥协的极致就是执中，执中就是不要走极端。把握此理，向东向西，从心所欲，有志必遏，无往而不克。"

商汤听罢，站起来一揖到地："伊挚师傅的锅主义和煮文化，听完令人振聋发聩。我耳目为之一新，长期的困惑焕然冰解。您这个厨子的才干，真是经纶天下，匡扶宇内，无出其右。天赐我瑰宝也。"

商朝建立后，商汤封伊挚为尹（相当于宰相），即伊尹。

## 商汤娶有莘氏：鲫鱼壳子与大鲨鱼的联盟

伊尹，顾名思义，诞生在伊水上。伊水和洛水平行，一起向北流入黄河。伊洛之间，是天下最肥沃的平原之一，夏王朝统治的核心就在这里，也就是洛阳地区，位于河南省中西部。

既然伊尹来自夏朝，于是商汤便派他回去当卧底。伊尹奉命离开河南商丘，西行回到中原，钻入夏王朝的都城斟鄩，开始从事间谍工作。为了隐藏身份，商汤还亲自从后面追杀伊尹，朝他放了几箭，造成伊尹被商族驱逐的假象。

伊尹凭借自己的大厨手艺以及英俊的外表，成功打入夏桀的后宫，与当时已受冷落的妹喜相交。妹喜曾被夏桀爱得发狂，两人日夜欢乐，须臾不能舍。后来，夏桀攻打岷山氏，移情别恋，爱上了来自岷山的两个美少女——琬（wǎn）和琰（yǎn），就疏远了妹喜。妹喜眼睁睁地看着夏桀与别的女人打得火热，自己却无可奈何。

作为抗议和报复，又嫉妒又怨恨的妹喜叛夏亲商，跟伊尹好上了，成了伊尹在夏朝的线人。通过妹喜，伊尹了解到夏桀内部的大量重要情报。

由于没有文字可凭借传递，伊尹便亲自跑回河南商丘，把一些珍贵而激动人心的信息向商汤汇报。他说："夏朝出现大旱，伊洛两水干涸，可是夏桀只顾宠爱琬和琰，根本不关心老百姓的死活。总的来讲，夏朝是可以伐的，只是进攻的时机还未到。我们的地盘不大，人口也不多，地狭人稀，好像一盆鲫鱼壳子，做不出什么大宴宾客的盛馔。"

"那您的意思呢？"

"我们必须寻找更多的鱼，才能凑足一盘丰富的菜。我们北边不远的有莘（shēn）氏，就是一条大鲨鱼，地肥人悍，武力冲天，四邻为之侧目。如果您能娶有莘氏之女为妻，咱们陡然就阔气了。"

"可是，我跟有莘氏之女不认识，没有感情啊。"

"感情是可以培养的，结婚会给您带来很多有用的亲戚。每个成功男人的背后，都有一个家境殷实的女人。屈于一人之下，才能伸于万人之上。这一点您不明白吗？"

商汤想了想，点头答应了。

在中国古代，婚姻是家族的行为，而不是当事人的行为。家族掌门人出于政治目的、经济目的、扩大家族势力的目的而结婚，是义不容辞的责任。

夏日的夜晚，满天里沉碧一色，一颗小星缀在月华波纹的外圈。商汤和有莘氏之女相拥在虎皮与丝绸布置的地铺上——这是婚床。新房里黑乎乎的，含有松树脂的木条点着摇曳的火光。他们没有说话，一起抬头，望着天顶的星星（当时的窗户多开在屋顶上），看见明月洗尽了满天的铅华，鲫鱼壳子与一条大鲨鱼建立了一个强大的联盟。

# 一场由送饭引发的血案

商汤善于网罗人才，除了伊尹之外，还有仲虺（huǐ）、女鸠、女房等一班谋臣。其中仲虺是夏禹时代工匠奚仲的后人，封在山东省滕州市做薛国国君，是一方诸侯。他举国来赞助商汤。夏禹时代协助大禹治水的伯益的后裔——费昌，也跑来投奔商汤，为商汤驾车。等于是契的后代和伯益的后代，一起对付大禹的后代。

为了准备灭夏，商汤将都城由商（今河南省商丘市睢阳区西南）迁至亳（今河南省商丘市虞城县谷熟镇西南），在亳这里积蓄粮草、召集人马、训练军队。

与亳相邻的葛国，挡在商汤与夏桀之间，是夏桀的忠实属国，是商汤的眼中之刺。商汤觉得有必要先拿掉这个政权，以方便自己染指中原，于是开始寻找出兵的借口。

商汤费尽脑筋，派人到葛国转了一圈，没有发现什么问题，倒是看见葛国国君葛伯好吃懒做，不喜欢祭祀，因为祭祀需要把牛羊烧了埋了，他舍不得。于是，商汤派出外交使者质问葛伯："贵国不敬上帝，不祭祖神，我们特来问问为什么。"

葛伯正在啃羊腿，学名叫作炙。把去毛的兽肉串起来，架在火上烤，这就叫炙。一边炙一边涂调料，增香，又可避免烤煳。当时的炙品有炙牛肉、炙羊肉、炙猪肉、炙雉、炙兔、炙鹑等。此外，人们还可以把鲜嫩的牛肉、羊肉、鹿肉等切成薄片，直接蘸着调料生吃，这叫作脍。炙和脍都是人们爱吃的食物，"脍炙人口"就是指美味人人爱吃，后用来比喻好的诗文受到众人的称赞和传颂。

葛伯放下肉碗——因为是跪坐在地上吃饭，陶碗的碗底下就有一个高的脚，方便人们戳在地上吃，免于弯腰缩颈之苦。葛伯说："我们这地方不产牛羊，好不容易有几只也被我吃了，哪有富余给上帝吃？"

当时祭祀用的牛、羊、犬、豕都要是纯一色的，确实不好置办。商汤就派人挑选了一群肥壮的牛羊给葛伯送去。结果葛伯把牛羊全都自己吃掉了，上帝还是饿着肚子干看着他满嘴冒油。

"您怎么还没有祭祀啊？"商汤的外交使者有点儿生气。

葛伯又推托说："我们不是不懂得祭祀的重要性，只是每次祭祀，除了牛羊还要有酒食，我们的田中大旱，种不出粮食来，当然就举行不了祭祀。"

商汤就派出一批劳动力前往葛国去帮助种庄稼。跟现在的农民种地一样，中午没有回家时间，工间饭就在地头上吃，由老人或小孩送饭来。葛伯和他的老百姓觉得，等着庄稼长出来太漫长，干脆先把工间饭抢来吃了。于是一到饭点，他们就冲到地头，围着商族的老人小孩要盒饭。一个送饭小孩坚决不给，这帮人就急了，抢起石块把小孩砸死了。

这个暴行激起了商族上下的极大愤慨，商汤不失时机地组织起他的第一次讨夏之征，伙同他媳妇的有莘国、仲虺的薛国武装，一战而捷，成功把葛国灭了。

商汤又送牛又送羊又助农，目的不过是为了激怒本族的商人，使他们红着眼珠子去打葛国。汤虽然是商的君主，但不等于可以随意指派部族的人为他抛家弃子地冒险打仗。同时，周围大的诸侯也会干预他无故侵犯他人，至少会厌恶他或者对他保持警惕。所以，商汤制造这次伐葛国的战争借口，对于国内和国际，确有必要。

商汤的讨夏事业，合计11次征伐，从葛国开始是第一次。

商族人作为东夷的一支，其残忍的一面，一旦被商汤煽动起来，就太令人发指了。考古发现，商的战斗英雄们以猎取敌人的头颅作为荣耀，头盖骨是他们的最爱。我们可以想象，那些奔逃着的亡国者，被追上来的士兵纷纷刺倒，跌倒之后又被踩在脚下，用石斧在脑后制造斧痕。头盖骨被齐着眉弓经耳际到后枕锯下来，做成盛酒的酒杯，给商族的英雄们使用。人头皮也不错，都是荣誉的象征。出土的头盖骨上往往留有砍偏了的痕迹，表明被砍者尚在挣扎，使得施暴者砍得不够齐整。

葛国被灭后，无处可逃的平民，或被砍斫至死，或被拴起来当奴隶。国破人亡、流血伏尸的呼号之声，经过历史的漫漫屏障，已微弱无闻。葛伯之族在亡国之后流离失所，成为葛姓以及诸葛姓（一些葛姓的人被安置在山东省诸城市，诸城葛氏为了与其他葛姓相区别，就叫"诸葛"）的来源。其中第一个知名的姓葛的人，是跟着陈胜起义的那900人中的葛婴。

## 美人祸国——鸣条之战的真相

商汤的策略是先弱后强，由近及远，逐个剪除夏桀的羽翼，削弱孤立敌人。商汤的伐夏行动从葛国开始，然后进一步向西推进到韦国（今河南省滑县）、顾国（今河南省范县）和昆吾（今河南省许昌市）。这三个势力很大的夏属国是夏桀在河南东部地区的三大防御支柱。当夏桀动员自己的车马补充支持前线的时候，韦国、顾国已先后被商军所灭，昆吾勉强保住了。①

夏桀一方面增兵昆吾，巩固东方防线，一方面传令山东地区的夷族部落，即"九夷之师"，从后面攻袭商汤。商汤看到自己有腹背受敌、东西夹击的危险，又看到夏桀还能调度战斗力极强的"九夷之师"，说明夏的势力还很强大，知道时机不到，就马上向夏桀请罪，发誓恢复进贡。

夏桀此时表现出了妇人之仁，没有抱着除恶务尽的架势把商汤灭掉，而是选择了放他一马。

商汤回去之后，认识到自己的力量还相对孤弱，于是对周边的东夷各国展

---

① 《诗经·商颂》言："韦顾既伐，昆吾夏桀。"

开生磨硬泡、软硬兼施的拉拢或者挟持手段。经过一段时间，商汤的外交结盟颇为成功，东夷诸侯多暗中宣布不再响应夏桀的召唤。而在这个过程中，商汤没少把自己的儿子闺女介绍给周边诸侯进行联姻，并且许诺成功之后共享胜利果实。

第二年，商汤召集人马，准备再次伐桀。商汤这次摆出了决战的态势，他乘坐的战车载着一杆旌旗，彩带飞扬，费昌驾驭着拉车的两匹马，为他前后驱乘。这支队伍中包含商汤姻亲、联盟的子弟兵，合计是良车70乘，必死6000人。所谓"必死"，就是形容东夷战士视死如归，如火烈烈。

尽管如此，商汤觉得仍有必要给将士们讲几句话。他站在战车顶上，满怀信心、豪情万丈地说："诸位，请听我说，不是我太好战，放着农事不做非去攻打夏朝，也不是我太贪权，大逆不道，要犯上作乱，实在是夏桀荒淫无度，残杀百姓，作恶太多，上帝命我去征伐他！夏桀曾自比太阳，说会永远存在。没想到老百姓竟诅咒，夏桀这个该死的太阳快点消亡，宁可与他同归于尽，可见人们有多恨他。现在我宣布，你们顺着我去实现上帝的旨意，我就会重赏你们，绝不食言！否则，我就会杀了你们，绝不宽赦！"

这就是著名的商汤讨伐夏桀的"汤誓"。

商汤的这篇战争动员令再次证明，商族人本无侵掠之心，都是在商汤处心积虑的煽动兼恐吓下，才纷纷举拳发誓，愿意放弃家里的农活，服从汤和上帝的命令，去打可恶的夏桀。这也可见，当时是多家族、多部族结构，作为一国之君的商汤还没有强大的专制力度，所以他必须说服族长和民众们。

商汤很高兴，准备进军。刚要整军出发，就看见伊尹风尘仆仆地跑回来了。伊尹这几年没少往夏朝跑，不断刺探情报。

伊尹对商汤说："我从妹喜那里得到一条可靠消息，是绝密情报，光这一条就顶一个师的兵力。妹喜说，夏桀前几天做了一个梦，梦见天上有两个太阳，西边一个，东边一个。两个太阳搏斗，结果西边的太阳胜，东边的太阳败了。"

"啊？我们就在东边，东边的太阳输了吗？"商汤两目呆滞，无比沮丧，"你没记反吧？明明应该是我们赢啊。"

"梦确实是这样的。不过我有个好办法，如果我们出其不意绕到夏都西边，从西边发动攻势，那我们岂不就成了西边的太阳，而夏桀成了东边的太阳。西边之日必胜，不就是我们一战而王吗？"

这个调换赛场的建议得到了商汤的批准。事实上，夏桀的防御重心是东夷人，所以将重兵部署在都城以东。伊尹迂回穿插到都城以西，发起决战，属于军事学上的避实就虚，占尽便宜。

于是商汤的7000子弟兵，绕过预定的主攻方向昆吾不打，而拐向南边大踏步急行军，兜到河南中西部的洛阳地区以西，休整待命，准备随时发起强大迅猛的冲锋。

夏桀的国土听凭商军任意穿插，看得出来夏王朝还不是一个完整的国家实体。夏桀控制的不过是都城所在的洛阳地区有限的面积，他发出的号令传不出三五百里之远。各地诸侯之所以听从夏桀的调遣，向夏桀纳贡称臣，并不是因为夏桀具有绝对的君主地位，而是出于由来已久的习惯。这种习惯如此脆弱，几乎全是看着从前大禹的面子，意思意思而已。夏桀对全国的控制力远远不能与后代的皇帝相提并论，这也使得从区区东方小国起家的商汤可以凭借一两次杰出战役就取代了他的地位。

由于夏朝的主力部队集结在都城以东一两百公里的昆吾一线，夏桀对于都城西侧突然冒出的商族部队大为惊恐。史书上说两军没有接刃，夏桀就主动撤退，带兵迅速向东线昆吾靠拢，试图集中己方力量。

昆吾国君接替夏桀仓促应战，被尾随夏桀而来的商军击破，昆吾国君战死，昆吾被灭国。在商军的压迫之下，夏桀残军不得不继续向东撤退，跑了100多公里才收住脚步。再往东走，就是山东地区的东夷诸侯地盘，夏桀没有退路了。于是他就在鸣条（今河南省封丘县）转过身来，与追击而至的商汤做孤注一掷的最后一搏，这场战斗就是著名的"鸣条之战"。

东夷族一贯拥有优秀的武器装备，早在蚩尤时代就铜头铁额，身披牛皮甲胄，到商汤时青铜技术已开始出现，这给他们带来了战场上的主动，使华夏族惴惴不安。从前夏王杼改进了华夏族的皮甲，以防御东夷的利箭强矛。但夏桀的士兵一路奔命，估计早把皮甲这样的重装备半路丢弃，以求跑得轻快点。

于是，在鸣条之战中，商族士兵从士气到武器都占上风，人数众多的友军的支持也使他们春风得意。而夏桀的羽翼——那些忠心的属国，早被商汤剪除了。夏桀只好孤身作战，一手持矛，一手扬斧，双手挥动如轮，只身冲陷敌阵。夏桀这人以勇力著称，再加上他豢养了一帮能手裂虎豹的勇士，因此他们硬是在过万人的围追之下血战突围成功，裹带着一部分亲属（据说包括妹喜）冲出了凶险的矛林箭雨。

这时，鸣条西边有商汤的拦截，东边是东夷之地，夏桀只好往南方逃窜，来到南巢（今安徽省巢湖市），不久病死在那里，葬于南巢卧牛山。

夏桀的败兵溃逃到河水中，商汤毫不留情，下令"一个都不要留下！"至于为灭夏做出重要贡献的间谍妹喜，则被商汤流放到了偏远荒凉的地区。

作为中国史书中记载的第一个世袭制朝代，夏朝从禹至桀，在经历17位君主、471年的统治之后，为商朝所灭。

## 商汤以身为牲，为民祈雨

夏朝灭亡，商朝建立，商汤成了商朝的第一任统治者，称号就是"王"。"王"这个字（图5），很像一把举起来的大斧子，上面"一横"是斧头，象征着商王的武力和权威。以武力灭夏的商汤，觉得自己很勇武，就自号"武王"。他任命伊尹、仲虺做相。从此，中国历代王朝皆如此更迭，因而史称"商汤革命"。

图5　甲骨文的"王"

商汤总结自己的成功经验，在于"能用非己之民"，也就是拉拢和联合其他诸侯。这给他带来了好处，也带来了坏处，使他不能独享新的王朝。交通、通信等手段的落后，也要求庞大的国土必须分国而治。商汤被迫分封那些劳苦功高的合作者，据说获封诸侯的数量为3000个。这一数字已经明显少于大禹时代的诸侯万国，体现着整个中国社会化的进程。商王朝把这些诸侯称为"某方"，比夏朝时期的"某氏"（有莘氏、有仍氏等）听起来更像一个社会组织。[①]

我们仍然不能高估商汤对国家的控制力度。商王搞的是分封制，商王的直接控制区，不过是500公里直径的圆，对应于地图上就是河南省中东部、山东省西部，是华夏族与东夷族的结合部，所谓"邦畿（jī）千里"[②]。这个圆圈以外的土地，就是诸侯们的舞台。所以，这是一个多国联盟的国家，商王与后来的皇帝的权力不可同日而语。而商人，也就是这500公里土地上的人。

诸侯们与商王的关系有近有远。对于近的那些，商王就娶他们的君主或君主之女为妻，而且一视同仁，都是正房。商王的媳妇不限数量，媳妇越多，效忠的诸侯就越多。受早期母系氏族风格的影响，很多部族的领导者都是女人，娶媳妇等于直接娶了对方的首领。

所谓"非我族类、其心必异"，为了防御某些野心不死的异性诸侯，商汤干脆修了一座严丝合缝的城保护自己，即商汤的都城亳（今河南省商丘市）。这里除了有传统的壕沟，还有夯土的城围。

建造这样的城，意味着需要砍伐树林、加工木材、堆砌土料、制造工具、设计器械，这些东西刺激了青铜器的发展。在施工过程中人们还需要缜密沟通，促进了文字的发展。于是，修城这种出于战争防卫目的的行为，直接推动了人类文明的进步。

为了向东夷大本营靠拢，商朝的政治中心从过去的洛阳向东移动，但是都城的准确位置却历来众说纷纭。我们所能断定的是，商汤及其继承者在王畿地区（500公里直径的圆内）费了多年工夫修筑了偃师商城，规模达到了空前的水

---

① 《后汉书》根据古籍说："逮汤受命，其能存者三千余国，方于涂山（一万国），十损其七。"《逸周书·殷祝》载："汤放桀而复薄，三千诸侯大会。汤以此三让，三千诸侯莫敢即位，然后汤即天子之位。"

② 《诗经·商颂》里说"邦畿千里，维民所止。"

准——相当于一所大学的面积。

偃师商城长1.7公里，宽1.2公里，现已发现七个城门遗迹，以及纵横交错的道路，把城内切成棋盘形制。城墙全部用夯土筑成，现今还有一到两米的残迹留在地面，经风受雨。但它尚没有在外面砌砖墙，只是裸露着的坚硬黄土罢了。城墙也不是垂直的，需要借助斜坡来支撑，所以上窄下宽，底下最厚的地方达到了20米。

护城河在当时还没有出现。一般有城墙和城外壕沟，二者有一个就足够保家卫国了——因为当时的攻城设备还很不完善。这又要归咎于青铜的匮乏，没有青铜工具就无从制作大型攻城器械。

即使这样一个用现今眼光来看很小的城，在当时已显得颇为宽绰，以至于人们把墓地、大垃圾坑、制陶场都搬到了城里。这几个脏乱差的行业在很多很多年后，才被移出城外。把制陶场，以及随后出现的越来越多的青铜铸造场也放在城里，体现了当时财富的匮乏，以至于这两样价值不菲的行当要保护在城里。

如果商汤在他的这个新城里游走，就会看到数十口水井出现在房屋拐角，他的脚下还踩着浩繁的排水网络，可以泄走城里的雨水和人们的小便。不过这种排水系统只对王室居住区铺设，也就是商汤所居住的内城（也叫宫城）。内城处于整个大城区的南部，只有一个足球场大小，四周用城墙围起来。于是偃师商城就有内外两重城墙——外面是大城城墙，里边是内城城墙。

在商汤的宫城内，建有正殿、中庭、庑室、门道，比起宫城外的老百姓居住区，要高级多了。在宫城的旁边还有两座与之等大的拱卫小城，都是正方形，据说是储藏粮食和军需品的仓库或驻军的营房。

商汤的宫城位于南城，庄严优美，是贵族游乐居住办公之所。平民区则在北城，多是些半地穴式的坑屋，里边是低矮的土床，几千年前的习俗一直没变。住在坑屋里的一般都是在手工业场上班的工人。这里的卫生条件也不是很好，以至于商汤要求，谁敢在大街上乱倒炉灰，就砍断谁的手。

在城外，顺着城根，也住着一些居民，居住条件好于城里，都是耸立于地面上的小房子，正方形或长方形的，屋檐是两面坡顶，修筑在一层夯土台基之上，里边隔出不同功能的小室。这也并不奇怪，就好比现在的城郊住户往往住得比城里宽敞一样，城外的房价低啊。事实上，城外虽然住得宽敞，家底还是不如城里人殷实。城里人虽然住坑屋，但往往屋门口埋着人牲的骨头和脑袋，这就像停放着一辆辆私家车，是有钱人的奢侈表现——能弄点人牲装点门庭的，必是手头宽裕之人。

这被杀掉的人牲，极大部分是从羌方那里抓来的俘虏。这些人不爱干活，只有极少的比例派去养马，其他人因为没用就杀了做人牲。有这人牲孝敬给土地爷和天神，屋子可以避免地震，家人也获得上帝保佑。

商汤坐在新修建的商城里，总结夏桀失败的教训。夏王朝的灭亡，跟连年的亢旱有关。亢旱导致民生凋敝，经济滑坡，国家继而发生动乱，在野心分子的捣弄下分崩离析。夏朝已经灭亡了，但旱灾还在继续，商汤很焦急，"难道我也像夏桀那么昏聩，招引了这样的天罚吗？"

宫殿的柱子石础闪闪发光，耀眼刺目。所谓石础，就是托着柱子的石块，棋子样的。顺便说一下商汤的王宫，它是当时的帝国大厦，因为有两重屋顶，类似紫禁城里的大殿，叫作四坡重檐式，只不过屋顶上没有琉璃瓦，而是白茅和灰泥。而圆木的柱子，就在宫殿的前廊立着，协助支撑着巨大的屋顶。宫殿不止一处，它们都在一块块方形的夯土高台上，大的台子300多米，小的几十米不等。宫殿里边分割成多个宫室，各自承担居住、祭祀、行政的功能，算是宏大壮观。

商汤立在柱子之间，眺望着宫室群的右侧，那里是供奉祖先神位的地方，商汤叫它宗庙。当时人们不去坟上祭祀，而去宗庙里祭拜祖先。宗庙是个神圣恐怖的地方，门廊柱子下面和殿门内外，都埋着人殉的尸骨，以及牛羊的牺牲，总计十几个家伙。这是国家神职人员——贞人的主意。贞人还特别在殿门内埋了几个武士。武士们在地下依旧左手执盾，右手持戈，头戴羽饰，屈身而跪，身后带犬，人犬相守，长短兵器交加，保护着祖先们于阴间的住所。这些武士不能称为人牲，而称为人殉，人殉是够资格才能做的，是商王的生前护卫和亲从。如果拿俘虏——人牲来代替，那岂不要害老祖宗于地下。

贞人走过来，对商汤说："按照我们的观点，对付现在旷日持久的旱灾，燎祭是最好的办法。就是找人作为牺牲，架在柴火上烧了，烟火慢慢飘上天空，把馨香献给上帝享用。上帝一高兴，就会降下我们苦苦期待的雨水。"

"这事不要麻烦别人了。众人有罪，在我一身。现在由于我的愚蠢，上帝鬼神祖宗降下旱灾，那我自己作牺牲好了。"于是商汤把自己泡在水里洗干净，剪发、剪指甲。然后他身披白茅，脱光外衣，躺在祭台上，和其他牛羊祭品排成一排，伴着牛羊咩咩、闷闷的叫唤声，被一齐摆在宗庙的祭坛上，周围架起了柴火。为了方便上帝品尝，商汤的肚子上还放了一盘佐料。

贞人拿出面具戴上（做法事要戴上面具），又从兜里掏出"打火机"，商汤闭上了眼睛。当柴火噼噼啪啪燃烧起来的时候，这个自我牺牲的感人场面终于感动了上帝，晴天一个霹雳，天空哗哗啦啦下起了普天同庆的大雨。

商汤建立商朝后称王，在位13年，死后不知葬在哪里。如果你要去缅怀商汤的伟业，建议去河南偃师商城旅游。偃师这片废墟清晰地见证着早商的历史，使它成为中国历史上第一个有据可查的朝代。

## 伊尹：是贤相，还是篡臣

"上帝"这个词在中国早就有了，商汤自焚求雨就是向他告白的。"上帝"是商朝人发明的，也是商朝人的保护神，并且他单保护商朝人。商朝的甲骨文里经常出现"上帝"，它是级别最高的神，是人们的祭祀对象，代表着虚无世界的最大力量。《尚书》《诗经》和《史记》中，"上帝"一词更是屡见不鲜，它是一个地地道道的中国本土词汇。

明朝时期，德国传教士汤若望来到中国，为了让天主教在顽固的中国人之间流行，就从古书里翻出"上帝"这个易于接受的中国词，来翻译他那个英文单词"god"。现在人们一说上帝，好像是一个高鼻梁大胡子卷曲头发的老外，其实在商朝人的心目中，自有一个中国化的上帝在。

商朝人心目中的上帝是什么样的呢？答案是，他梳着大辫子。从商代墓葬中大量发现的资料看，商朝男子多是梳辫子的，而且式样不一：有从头顶正中编起一条辫子，然后垂至脑后的；有左右两侧梳辫，辫梢卷曲，下垂至肩的；也有将头发编成辫子，盘梳于头顶的。商朝女子的发式，与男子大同小异，大姑娘梳辫子，小孩子梳两个小丫角。

　　当然，不梳辫子，而是梳成发髻的也有，不论男女，有的甚至前后俩髻。发型多种多样，说明当时的中央集权程度尚不高。所谓发髻，就是把头发挽结于头顶或脑后，再插上一枚或多枚簪子，不仅可以起到固定头冠的作用，更是作为看好的饰品，以示爱美之心。出土的商朝贵族妇女画像，最多有插26枚簪子的，使她的脑袋看起来像一个鸟窝。

　　这个梳着商朝大辫子的上帝具有至高无上的威严，他和人间的王一样，也有一套管理班子，就是日、月、星、风、雨、云、雷、旱等气象诸神。他们听从上帝的号令并各司其职，向下界播风布雨。上帝和自己的这套班子住在天上，但是在地面上，也设有他们的办事处——祭庙。

　　为了养活自己的班子和支撑在天上的开支，上帝就经常跑到祭庙里去和人做生意。"令雨""令风""令雷"，就是他推销的主打产品，即命令刮风下雨。人们交上祭品给他吃，他就给这些产品。如果他吃得不顺心，就会降下旱灾，这是他的拿手戏，或者下雨不止，形成涝灾。直到商王唱歌、奏乐、跳舞，端上酒肉，献上美玉，他才息风止雨。上帝和人之间交易的过程就是祭祀。

　　商汤表演"焚身求雨"，贞人点燃柴堆。贞人垄断着商王与上帝沟通的职掌，所以他们对政事颇有发言权。所以，在早期几任商王的朝廷里，最高的官员都是带"巫"字的，是类似贞人那种神职人员。到了商朝后期，这些"巫"才被商王削弱了权力，甚至经常烧了他们以求雨，神职人员从此大跌面子。

　　商汤有三个儿子，长子太丁死在商汤之前，所以商汤死后，按照兄终弟及制，由太丁的弟弟外丙、仲壬（rén，亦作中壬）先后继任商王，分别在位三年和四年，这反映了当时人们短命的事实。夏商人的平均寿命是32岁左右。

　　接着，商汤嫡长孙、太丁之子太甲，在伊尹的安排下，接班了。注意，是伊尹立了太甲继位。想想也是，当时有资格有能力选择天子的，只能是政坛元老伊尹。可见，伊尹绝对是一个有能力、有魄力、有狠劲、有主见的人。

　　即位后的太甲不遵守商汤的大政方针，胡作非为，被伊尹放逐到桐宫（今安徽省亳州市）去反省。然后伊尹亲自处理国家政事，并且接受诸侯的朝见，所作所为和商王没有什么两样。太甲被关了七年多的禁闭，终于腻了，机智勇敢地从桐宫逃回都城，杀了伊尹，夺回了王位。[①]

伊尹的一生十分复杂，评论起来也很困难。他以臣子的身份擅自放逐国君，自己代为执政，用意或许是好的，但这算不算篡位呢？这是困惑后代学者的一个大费思量的问题。其实，商朝初期，忠君思想还没有得到普及，一个君主倘若不贤，臣子是可以驱逐他的。所以，伊尹的"大逆不道"之举在当时没有激起舆论界的震惊和谴责。

然而后代的学者习惯了把皇权视为至高无上、不可更移、九五之尊，所以看见伊尹驱逐太甲而自代，不由得暗自哆嗦，总不得劲。一方面，他们承认伊尹是有着杰出贡献的正人君子，另一方面，又觉得伊尹的行为与篡国者无法区分。于是，他们就花了很多工夫替伊尹遮掩避讳这一点。

在《尚书》中，"伊尹放太甲"事件是这样记载的："太甲既立，不明，伊尹放诸桐，三年复归于亳，思庸，伊尹作《太甲》三篇。"

继位之初的太甲，严格按照伊尹的教导行事，其作为还过得去。但到了第三年，太甲就开始背弃祖训，一味享乐，暴虐百姓。伊尹百般规劝，无效，只好将他放逐到桐宫反省，自己代为执政。太甲守桐宫三年，深刻反省，悔过自责。伊尹觉得这个年轻人是改过自新了，就把他迎回都城，还政于他，并写了三篇文章，教他怎样做一个好的君主。

也就是说，伊尹具有大仁、大义之美德，他之所以放太甲于桐宫，是为了教育太甲。待太甲意识到错误并有了改恶从善的表现后，伊尹便亲自接回都城复了位。伊尹最后归还了王位，好像从来没抢过一样，历史污点就这么被抹去了。

其实，这是替地下的古人瞎操心。伊尹在当时本没有什么思想负担，也不

---

① 《竹书纪年》载："太甲元年，伊尹放太甲于桐，乃自立。七年，王潜出自桐，杀伊尹。"

需后人编造"还政"的故事为他开脱。"还政"这样的事，古今中外的现实中还从没听说过。既然抢了，就不好还了，还了自己就没命了。

远古时代的人们，还不太受王位神圣不可侵犯的观念束缚，就像商汤当初对夏桀的革命，伊尹取代不称职的商王太甲，在当时理所当然，不会受到舆论和良心的谴责。当然，在忠君思想大泛滥的后代皇权社会里，自诩忠贞的老实臣子们，无端地替伊尹背上一大块心理负担。

# 新商王为何总爱迁都

商王族似乎把手足之情看得颇重。商王太甲死后，他的两个儿子沃丁、太庚相继即位，再次体现了兄终弟及的原则。沃丁、太庚这两个名号，奇奇怪怪的，好像中药的名字，其实这是天干地支组合出来的日期。商人把一年分成12个月，月有大月和小月，大月30日，小月29日。但当时没有阿拉伯数字，日的记数就以干支循环来标识。

一位商王死的那一天的干支日，就演化成沃丁、太庚什么的，准确地说这叫作"庙号"，意思是这位商王的牌位进入宗庙时的编号。人们依照这些牌位编号，排定给他们的祭祀时间，表明商人已经拥有了一套固定的文化传统乃至祭祀模式。随着死去的商王越来越多，到商朝末期，每隔十天就要祭祀一个商王，全部祭祀一遍祖宗，需要一年时间。

牌位编号为太庚的这位商王进入祖庙以后，他的儿子高、密、伷（zhòu）哥仨相继做了商王，死后牌位编号分别为小甲、雍己、太戊。他们都没有什么值得一谈的作为，除了这时候商朝开始衰败以外，诸侯也常常不来朝见。

在太戊执政的第七年，宫殿的门前长出一棵桑树和一棵楮树，两棵树在早晨的时候还是小苗，到黄昏时已经长到了双手合抱那么粗。更奇怪的是，俩树不知为何紧紧"拥抱"着长到了一起。太戊非常恐惧，赶紧召见相国伊陟（伊尹的儿子）。

伊陟说："臣听闻，妖孽不能战胜有德行的人，现在有妖孽出现，莫非您在治理朝政上有什么过失之处？"太戊于是努力工作，以德治民，这棵合生树很快就枯死了。商朝终于有了中兴之势，诸侯又都来朝拜了。为报答上帝的福佑，太戊命令一位名叫巫咸的神职人员去几处名山大川举行了隆重的祭祀仪式。

巫咸在祭祀时，还排练出了以"玄鸟堕卵，简狄取而吞之，生下商人先祖契"为题材的舞蹈《桑林》，献给上帝观看娱情，一边还有铙（náo）、磬、鼓等打击乐器的伴奏。

经过贞人占卜，发现东夷人嬴姓费昌的后裔——孟戏与中衍，驾车技术精湛，受命为太戊驾车。可不要小看马车夫这个工作，这是给君王当司机啊，绝对是个高级岗位。因为车驾得好，太戊一高兴，就把两个女儿嫁给了这哥俩，于是，司机变成了当朝驸马爷。嬴姓家族开始在商朝世代为官了。

太戊死后，儿子仲丁（亦作中丁）即位。从仲丁起，到盘庚的十位商王，印证了兄终弟及制的悲哀。商汤时代制定的兄终弟及的继承制度，潜伏着动乱的因素。因为即位之弟往往不肯把王位再交还哥哥之子，也就是说，他要传给自己的儿子。于是就出现了哥哥的儿子与弟弟的儿子争夺王位的局面，造成骨肉相残和政权动荡。

这十位王中的第一位仲丁，也就是太戊的儿子，他上台本身就是个麻烦事，因为太戊的两个哥哥小甲、雍己相继都是商王，那应该是老三太戊的儿子仲丁继位，还是老大小甲的儿子继位呢？最终，经过一番斗争，老三太戊的儿子仲丁继任商朝君主之位。仲丁一上台，就采取迁都的办法，目的是离旧王都远一点儿，摆脱这几位堂兄的牵绊，就像狗一旦得到了肉骨头，一定叼着逃到没人的地方去吃一样。

仲丁东移50公里，迁都到隞（今河南省郑州市），就心满意足地死去了。他的弟弟外壬继位后却过得不爽，因为王畿以东两个诸侯国叛变了，一个是有莘氏，一个是薛国。这两家诸侯都是当初商汤攻夏时的协同军，如今叛商，犹如一记响亮的耳光火辣辣地打在脸上。于是外壬的弟弟河亶（dǎn）甲继位后，北上200公里迁都于相（今河南省内黄县），以缓解内外交困的局面。河亶甲在彭国、韦国的帮助下，使叛乱的诸侯重新安定了下来。

河亶甲在位九年病死，他去世后，祖乙继任君主之位。辅佐他的是巫贤，帮助他再度复兴了商朝的王业。祖乙有两个儿子：祖辛和沃甲，祖乙死后，先是大儿子祖辛即位，祖辛死后传位给弟弟沃甲。沃甲死后，哥哥祖辛的儿子祖丁抢到了王位。祖丁死后，弟弟沃甲的儿子南庚又把位子抢了回去。南庚一死，祖丁的儿子阳甲又把位子抢了回来。阳甲死后，南庚的儿子倒是没来抢位子，阳甲的弟弟盘庚继位了。总之，祖乙的儿子祖辛、沃甲兄弟两支的子孙互相抢来抢去，其间局面失控的时候，只好又采取迁都的老办法。盘庚继位时，都城已经迁到了山东地区的奄城（今山东省曲阜市）。

王朝内部的政治局面如此不堪，诸侯也多数不再进贡朝见。一副烂摊子摆在了新商王盘庚面前。盘庚面临的是祖辛那一系的子孙来抢他的位子，同时还面临着本系的亲哥哥阳甲的儿子来抢他的位置。在这种情况下，除了迁都以外，他想不出更好的应对办法了。

## 盘庚迁殷：洞若观火劝贵族

　　每到半夜，盘庚就睡不着了，即便喝上一些酒，也没有睡意。作为弟弟，盘庚接了哥哥阳甲的班，而没有让哥哥的儿子接班，这使得他内心难免不安。哥哥已经经营奄城很多年，势力盘根错节。盘庚每到夜晚都担心有刺客破窗而入，要为哥哥的儿子取回王位。盘庚有理由让自己离开，去一个艳阳高照的安全地方，享受自主自在的王者快乐。但是盘庚在群众集会上不便明说，只是一再强调，迁都乃是先王的意旨。

　　盘庚开始对大小贵族们讲话："我们的先王总是保护人民，为人民利益而搬家，从不留恋原有的都邑。你们为什么不想想先王们的事迹呢？我想搬家，以安定局面，但是你们不能体会我的苦心，反而产生了无谓的惊慌，想以你们的私心来改变我的主张，这真是你们自寻苦恼。譬如乘船，你们上去了，但不肯解缆，岂不是坐待船朽吗？若是如此，不但你们要沉溺，连我也要玩儿完。你们一点儿也不审察情势，一味怨恨我的迁都命令，试问这能有什么好处呢？"

　　盘庚的心思不敢直讲，把话说得含糊其词，难怪人们不理解他。于是他只好借助恐吓："以前，你们的前辈侍奉先王，非常老实。现在，你们不听话，贪恋贝壳和美玉，不肯离开这里。先王就会在地下告诉你们的前辈，让他们来好好整治整治你们（当时人认为疾病是祖先对自己的过失给予的惩罚），到时候你们受罪该死就晚了。现在我的计划已定，谁要不从，我就割谁的鼻子，灭谁的族，一个都不放过！"

盘康讲话所面对的听众，并不是一般百姓。这些家族是王朝统治的重要支柱，所以盘庚必须带着他们走。

大家吓得一捂鼻子，只好跟着盘庚上了已经准备好的船只，开拔划向商朝的一处旧城——殷（今河南省安阳市）。虽然成串的贝壳（钱）方便套在脖子上带走，但粮食和房子都得抛弃了。反对派的贵族们也明白，这次迁徙会削弱他们的势力和财富，到了新都，他们将不再完全具备从前的地位。虽然商人驯服了大象作为运输工具，但总不能把良田也拉走吧？但不等他们犹豫，已经被裹挟着来到了殷，一看到处都是陈旧不堪、破破烂烂的，过惯了好日子的他们，更加来气了，这不等于自我流放吗？于是他们开始散播流言、蛊惑人心，向盘庚叫嚣。他们说："盘庚不是借助先王的意旨吗？那我们就搬出比先王更厉害的上帝来。我们要求占卜！"

占卜，就是居住在缥缈天上的上帝向我们所生活的三维空间投下一种阴影，巫觋们通过阅读这种阴影，来破解宇宙人世的迷茫，做出极具价值的预言，指导人们的生产生活。这种上帝投下的宝贵阴影，都投在什么东西上呢？投在牛羊骨头上边。巫觋们可以从这些骨头被火烧灼后的变异情况读出上帝的意旨：什么时候播种好？什么时候会下雨？打仗能不能赢？谁的病什么时候能好？房子在什么地方盖？等等，一切你关心的事情都可以得到确切答复。

巫觋们在占卜实践中发现，于各种骨头当中，乌龟的骨头（就是乌龟壳）作为上帝及其他鬼神的信息投射载体，最灵验，效果最佳。于是乌龟盖子脱颖而出，越来越受到人们的青睐。而生活在河流湖泊中的乌龟们，则开始倒大霉了，特别是那些个头大的老乌龟。

贵族们要求盘庚举行占卜仪式，请求上帝给出旨意。盘庚是个年轻人，不怕叫板，立刻请神职人员在乌龟壳（多数是乌龟肚子那块壳）上刻下当时开始出现的文字，用以提问上帝："迁都是对的？迁都是不对的？"这是一个双项选择题，让上帝选择正确答案。当然，有时候还出四项选择题，比如："其自东来雨？其自南来雨？其自西来雨？其自北来雨？"这是向上帝问雨从哪个方向来。问题旁边还刻上出题者（神职人员）的名字以及出题时间。而载有题目的卷子，就是这个乌龟壳。

接着，神职人员在乌龟壳背面钻几个浅窝，用火烧灼浅窝，就会开裂出一些纹路，这些纹路就是上帝在考卷上的答案。神职人员赶紧判卷子，这需要专业训练，能够从抽象紊乱开裂的纹路上，翻译出上帝的语言。上帝回答得很细致，比如大雨、小雨、雨小、雨少、多雨、疾雨、雨不疾、纵雨、延雨、退雨、去雨等，看得出上帝是个有耐心的人。神职人员把翻译出来的意思刻写在烧灼的纹路旁边，这就叫作"卜辞"——就是甲骨文了。

关于这次该不该迁都，上帝的答复（卜辞）是："迁都不对。"不知道上帝是怎么搞的，总之，神职人员从纹路上读出，迁都是个历史错误。盘庚的脸立刻绿了，尴尬地看着神职人员。反对派的贵族们则欢喜雀跃，恨不得立刻跑回奄城乱喊。[1]

不过，人们也意识到了占卜可能不准确，上帝要是不知道信口胡说怎么办，或者上帝喝多了说不清楚怎么办……采取反复占卜的办法，多问几遍不就准了吗？于是隔上三五天，又问同一件事，看看上帝是否忘了上次撒的谎。另一个办法是，同时使用好几块乌龟壳，问同一件事情，然后看看一致不一致。一般是三块骨头，商王拿一块，占卜经理和占卜副经理各拿一块——这就是"三人为众"的原始出处，表示三个人的意见可以代表众人。

---

[1] 《左传》引《夏书》说："官占，唯能蔽志，昆命于元龟。"意思是占卜的官员是先有了意志和主意，然后再用元龟体现。占卜实际是神职人员的人意。

经过三次占卜，上帝的意见非常明确，都是不应该迁都。盘庚的脸变成了紫茄子，朝着神职人员投去愠怒的一瞥，并且当即耍赖，说上帝的意思不准。他再度把贵族和大臣召集起来训话，其中也带着耍赖成分："像你们这样，这几天到处乱跑，用占卜不吉的说法煽动人心，恐吓大众，不把我规诫平民的语言准确及时向下传达。这样闹下去，当然就会像上帝说的，迁都成了一件坏事。占卜不占卜，还有什么意义！我是根据先王的法度办事，我没有失德之处，你们不要忘了，我的威严好像烈火一样旺盛，我是你们的王！你们遵从我，就像把网结在纲上，才能够有条理而不混乱①。要知道，即使你们像野火一样在大地上焚烧，使人近前不得，我也有力量扑灭。如果一定要弄到这种地步，那是你们自己惹出的祸患，就不要怪我不客气了！"

盘庚简直是进行武力威吓，众人都不敢出声。过了一会儿，他擦擦汗，又转而和颜悦色，劝诫这些大家族和官员们办什么事都要同心协力，既来之、则安之，不要再闹了。最后他说："过去，先王和你们的前辈，一起过着安乐而勤劳的生活，我怎么会对你们动用非分的刑罚呢？如果你们乖乖继承前辈们勤劳顺从的传统，我绝不会掩盖你们的美德。国家治理得好，是大家的功劳；治理得不好，是我一人的过失。从今以后，你们努力做好分内的事，不乱说乱道，我也会把你们的前辈和先王一起祭祀。让我们一起谨遵上帝和先王的旨意，不贪恋财货，而施民以德，一心建设家园吧！"

反正都已经来殷了，大家觉得再闹也没有真回去的可能，在这里好好地生存下去是第一要事，也就没有闲情逸致跟着反对派折腾了。并且迁都打乱了反对势力的格局，削弱了反对派的实力，大家需要选择一个主心骨来依赖，气质刚强的盘庚就成了依赖的对象。百姓由此生活安宁下来，商道复兴，诸侯来朝，形成商朝中期的一段人心振奋的时光。

---

① 成语"有条不紊"的出处。出自《尚书·盘庚上》。

# 武丁：一个把商朝带到顶峰的男人

　　盘庚在位二十几年死去，但是他没有能力让自己的儿子继位，这反映了当时王者的权力还不是极端牢靠，人们可以把它像皮球一样夺来夺去。真正情况有了转化是在盘庚的弟弟小辛、小乙相继继位后，小乙死后由儿子武丁继位，父死子继从此成为商王继统的常例。没有弟兄子侄的内斗了，政治走向稳定，结束了商王朝经常迁都的局面，王权的力度也因此加强。所以，我们有理由把武丁想象成一个非常强大的君主，类似汉朝的汉武帝。事实上也确实如此，中国真正崛起为世界文明大国，就是从武丁时代开启的。

　　武丁在位时，商朝全面步入青铜时代。作为文明象征的第一标志，铜最早于5000年前的黄帝时代就偶然出现了。黄土高原上渭水上游的甘肃东乡县，就出土了一把铜刀（四寸长）和一些铜块。但这只是一把小小的水果刀，也不是合格的青铜。此后中国大地上的青铜物件一直寥寥无几，不能取代石器作为社会的主要工具。而5000年前两河流域、古埃及，已经是纯粹的青铜时代了。

　　到了4000年前，即夏朝初期，才在我国西部甘肃武威市皇娘娘台遗址出土了铜刀、凿、锥、钻头，甘肃永靖县秦魏家遗址出土了铜锥、斧、指环，还出土了中国最早的铜镜。这些铜器既有红铜、黄铜、砷铜，又有青铜，但都不是武器，也谈不上礼器，而是小装饰品以及小的生活用品，铜锡比例也尚不合理。但不管怎么样，中国这时算是进入了"铜石并用"时代。

一直到商初的商汤时代，青铜器也都是小件的规格，铜指环啊、小锥子啊，小铃铛啊，小箭头啊，最大的是个酒杯，也只有12厘米高，数量也极少，总共发现的只有十几件。

到了商朝中期的武丁时代，青铜器的数量、种类、体积明显高涨。当时人们首先找到孔雀石，把它放进窑里烧。它含有氧化铜，烧的时候加入锡石，达到960摄氏度而熔化，于是得到青铜，含有75%的铜、25%的锡，这个比例是长期摸索出来的最佳比例，会使得青铜的硬度较大、表面光亮，可以经过锤炼做出很细很薄的生活器具，比如饭碗和小勺子，还有尺子。青铜工具的出现，使得计算器械、测量工具成为可能，客观上促进了建筑、天文、历法的发展，也为书写甲骨文提供了锐利的"笔"。

武丁时代，青铜开始进入人们的生活当中，做饭的有青铜的鼎、鬲、甗（yǎn）、甑；盛饭的有簋（guǐ）、盨（xǔ）、豆、罐。但这些仅限有钱人家享用，老百姓还是用陶器的。不过，老百姓洗脸的盘、盂，工人和农夫用的斧、锛（bēn）、凿、锥、锯、铲、耜、钻、鱼钩，等等，都有青铜的。此外，还有马车部件、建筑部件，比如青铜的钉子。人们还铸造铜贝壳作为货币，以补充真贝壳的不足。生活中，凡可以使用青铜的，几乎都有用青铜制作的。

青铜用于生产的同时也用于杀人。这时期的青铜兵器有戈、矛、钺、短刀，还有少量的戟和大量的青铜箭头。箭头是一种消耗性的武器，没有大量的青铜储备，不敢多铸箭头。不过，这时候还没有后世流行的青铜短剑。安阳地区一座坟墓中出土了成捆的矛700多件，足够武装起一个城邑来。

商朝人还喜欢饮酒，贵族把吃不完的粮食酿酒，还选择特殊的香草加进去，酿出的酒芳香扑鼻，使得大家都变成了豪饮的酒徒。后来他们因喝酒太多而亡了国。商朝人弄出很多的饮酒器，爵、觚（gū）、觯（zhì）、斝（jiǎ）、尊、壶、卣（yǒu），这些字形奇怪的东西功能也很多，其中尊是装酒的，往往做成动物的样子，鸟尊、鸮（xiāo）尊、驹（jū）尊、犀尊、羊尊、虎尊。最知名的是四羊方尊，上有四颗羊头。爵是喝酒的杯子，在古装电视剧中经常看得到，样子像麻雀，有头有尾，还有仨脚，人从麻雀尾巴那里对着喝。

青铜的酒器和鼎、鬲之类的炊器，以及钟、铃、磬、钲（zhēng）等乐器组合成不同规格的礼器，象征商王族的显赫地位，专门用在祭祀和宫廷聚餐的场合。这些礼器表面雕有饕餮纹、夔龙纹、蟠龙纹、云雷纹、蝉形纹、连珠纹、圆涡纹，让人眼花缭乱，散发着令人恐怖的气息，威严、狰狞，震慑和迷惑着每一个戴平顶帽的商朝小民。现在这些礼器都被挖掘出来了，累计多达数千件，最大的是鼎，常有一米来高，重量相当于一个成年大胖子，上面都是铜锈。说实话，铜有毒，用青铜鼎煮肉，用青铜杯喝酒，对身体不好。

铁锅当然对身体无害，不过当时没有铁。陨铁倒是发现了一点。这些来自外空的陨石含有自然铁，商人把它烧得半熔化，锻打为铁刃，嵌在铜钺（大斧子）的刃部。商人也意识到，铁比青铜来得更坚韧锋利。这好东西目前只挖出一两件，现在保存在美国。

文明的第二个标志是文字。考古学家在商王武丁的都城殷（今河南省安阳市），发掘出了15万片甲骨，上有5000多个单字。这些刻在甲骨上的文字就是甲骨文，时间跨度是武丁及其随后的历代商王。

甲骨文是为政治和宗教服务的。为了向上帝和其他天神（风雨雷电诸神）、地面山川诸神、祖先诸神（先王）探听气象预报、子女生育等重要信息，神职人员借助占卜把所获信息记录在甲骨上，成为甲骨文。作为回报，商王不辞劳苦地举行针对各位神祇的祭祀仪式，来犒劳这些信息提供者。

武丁把上帝当成自己的优质客户，给予无微不至的关照，经常在甲骨上刻下文字，询问上帝这会儿饿不饿，想吃什么东西，想一顿吃多少牲口，吃肉时要不要喝酒，等等。酒肉是取悦上帝的主食。当然，上帝的胃口很刁，武丁需要用特殊的白牛、白羊、白犬、白猪作为牺牲献给上帝。白色是商朝的上色，就好比明黄色之于皇权时代的中国。为了表示虔诚，人们并不吃掉这些祭品，而是在祭祀仪式结束后埋在旁边的坑里。必要的情况下，还会杀人祭祀上帝，即人牲。早期杀小孩多，后期主要是杀成年俘虏，其中半数以上为羌人。

请看甲骨文的"羌"字（图6），各种酷刑施加在羌人身上，他们受到的惨无人道的迫害就可见一斑。

图6　甲骨文的"羌"

看到武丁对上帝这么好，商朝先王们的在天之灵不高兴了，经常降下祸祟疾病给商王以及他的妃子们、臣子们。于是，武丁总要反复通过占卜询问是哪些先王或者先妣（先王的妃子）正在降下祸害：惟父甲害王？惟父庚害王？惟父辛害王？

父甲、父庚、父辛分别是武丁的大伯父阳甲、二伯父盘庚和三伯父小辛，希望他们当中的某一位站出来承认是自己造的祸。至于亲生父亲小乙，武丁也没少跟他打听事儿。比如，武丁有一次牙疼，就拼命询问父亲的在天之灵："疾齿，御于父乙？"意思就是，我牙疼死了，父王啊，是不是你在天上给我捣乱呢？

当时制造疾病的除了上帝、先王，还有一些名山大川的山精水怪、魑魅魍魉（chī mèi wǎng liǎng）。平时它们在山上办一些虚幻的事情，如果没有及时得到祭品的安抚，就会飘呀飘地摇摆到城里去，附在它所喜欢的人身上作祟。这个人就开始闹病了，上吐下泻，浑身冰冷。这个时候，必须请神职人员来跟它沟通，请它离开。这个过程就是念咒，咒语的内容通常是祈求，请它罢休、离开。不同的病，源于不同的鬼怪作祟，要念不同的咒语，就跟现在吃不同的药片一样。所以早期巫医不分，巫师担任着医生的角色。

如果念完咒许了愿，鬼怪还不屈服，神职人员就要动真格的了，拿桃木鞭子抽鬼（其实是抽人），最终把它赶回森林水滨去。在这种治病的过程中，人们发明了针灸，就是刺那造病的鬼。甲骨文的"殷"字（图7），就像一个人的肚子有疾，另一个人手持针刺之。我们有理由相信，这个针所刺的不是人，而是藏在人肚子里的小鬼儿。在刺鬼的练习中，摸索出针灸的刺穴技术。所谓"妄刺"，就是指到处乱扎，是当时的医疗事故了。

图7　甲骨文的"殷"

商代的神职人员也会让病人吃五花八门的草药和虫子，以加强驱鬼的效果。这个东西积累摸索到了现在，就是有3000多年历史的中药，很多已经相当灵验。考古学家从商代出土物中找到了几百枚骨针，以及分装在罐子里的药用植物的果实或种子，桃仁似乎是当时人最爱吃的家备良药，木樨和大麻籽也不错。

武丁作为全国级别最高的巫师、最有权威的驱鬼医生、牙痛病人兼自我诊疗者，遇上难以决定的事情，比如妇女产男产女的预测、牲畜发育状况的预测、农作物收成的预测、狩猎会不会遭遇大老虎的预测、治病吃的药会不会导致头晕的预测等，都要向上帝、祖先询问。武丁还是一名成功的战争指挥者。当然，他的成功同样得益于事先咨询于上帝或先王。这里他继续沿用了多选题的形式反复打听：

"我去讨伐工方（一个方国），上帝会福佑我们吗？"

"我不去讨伐工方，上帝会福佑我们吗？"

一正一反进行占问，把问题刻在甲骨上，只需要上帝从中选一个正确答案。当上帝或先王做出回答（也就是那些经过烧灼之后甲骨会自然产生的纹路），武丁从中领会出上帝透露给他的信息，并把纹路翻译成文字刻写在甲骨上。当战事结束后，上帝的预言是否应验，还要补充记录在甲骨上。这样，一块甲骨就完整地记录了武丁时期某场战争的过程，成为我们研究那段历史的依据。当然，乌龟壳上的这种回答固然是虚妄的，但却增加了人们对战争的自信心和勇气。

在坚硬的乌龟壳上刻字，横和竖比拐弯和圆弧好刻，这就导致了汉字方方块块的模样。

文明的第三个标志是城市。不消说，武丁时代已经有了城市。考古学家已经发现了商代的城邑遗迹总计十多处。河南省核心王畿地区的城大一些，边长1000多米。外围的方国城邑小一些，边长三五百米，最著名的是湖北省的盘龙城，建在一个土坡上。

武丁还起用了一个贤人叫"说（yuè）"，这个人原本为筑城的平民，胳膊和肩膀就像锤子一样结实，在傅岩（今山西省运城市平陆县东）筑城，被武丁提拔到王宫，当了大官。这在当时是史无先例的，因为官员们都得是世代相传的贵族出身，平民做官，他是唯一的一个。因说曾在傅岩筑城，故武丁赐姓傅。傅说跟武丁的谈话，被记录在《尚书·说命》里。

青铜器、文字、城市，这是考古学界认定的文明出现的三要素，中国真正具备此三要素而步入世界文明地区的行列，是从商朝中期开始的，也就是武丁时代，时间是距今3200年前的苍茫古代。

## 文丁杀季历，商周关系开始恶化

　　商王武丁在位长达59年，死后由其子祖庚继承王位。作为一代雄才大略之主，武丁在任时期，商朝的武力最为强盛，猛攻北方和西北方的方国——舌方、鬼方、土方、周方和羌方，等等。其中对鬼方的战争进行了三年之久，最终克之；发重兵击败羌方，俘获大批羌人充当奴隶……功业赫赫，标志着商王朝的国力达到了巅峰状态。

　　据甲骨文记载，武丁有60多位妻子，而妇好绝对是最特殊的一位。妇好不同于一般妃子，她是一位驰骋沙场的女英雄，曾经统帅13000人的军队，征伐羌方，俘获大批羌人。这是商代用兵最多的一次战争。

　　妇好死后，葬在河南安阳，后来她的墓穴被发掘，墓内殉葬物品的清单强到了令人惊愕的程度：

　　木椁和涂漆的木棺（木椁是外层棺材，木棺是内层棺材）；16个人殉；6只犬殉；7000个贝壳（来自东南沿海，是当时的钱）；200多件青铜礼器（祭祀用的）；5件大青铜铎和16件小青铜铃（乐器）；44件青铜工具；27件青铜刀；4个青铜镜；130多件青铜兵器（形制包括远射、格斗、卫体的完备组合）；2

件大型青铜钺（是军中统帅的象征物）；4个青铜虎和虎头；590余件玉和似玉器；100多件玉珠、玉环和其他玉饰；20多件玛瑙珠；2件水晶物品；70多件石雕；5件骨器；490多件骨簪子；3件象牙雕刻；4件陶器及3件陶埙。

妇好墓内的青铜器总重量，达到1.5吨，这标志着武丁时期中国全面步入青铜时代，彻底脱离了令人汗颜苦恼的石器社会。

当时的商朝分成三个环，中间王畿千里，是王朝直接控制的核心，往外一环是诸侯封国，商王把自己的儿子和一些著名将领封在这一环里为诸侯，为商王朝镇守边疆，打仗时跟随商王出征，并向商王朝定期进贡以示敬服。他们的领导人称侯，这也是"诸侯"一词的来历，意思是很多侯。商朝之所以带有初级封建社会的色彩，也是因为这种分封建国制的初步运用。

商王朝的最外一环，是与商王朝或友好或敌对的方国，见诸甲骨文的方国有50多个，商王给他们起了难听的名字：土方、虎方、危方、犬方、邢方、人方、基方、龙方、羌方、鬼方，他们的领导人称伯。鬼方、周方这些方国被武丁打败后，臣服于商，其领导人受封改叫鬼侯、周侯。

其中周侯需要特别提及一下，他是西部陕西地区的周方国的首领，曾经向武丁敬献龟骨、牛和来自甘肃天水地区的一位美女，以示臣服。一旦周方发生二心，不勤劳王事时，武丁就会命令犬侯、仓侯这些与周方为邻的诸侯出兵去警告他，迫其服商。

武丁死后约60年，商王武乙年间，周方国的首领季历在陕西岐山南边大力发展农业，推行仁义，使周方国逐渐强盛，很多诸侯都归顺了他，商王承认季历做西方霸主，号称西伯。

在商王朝的支持下，季历率兵极力向东发展，就好像开了挂一样，先后歼灭了东邻的程国（今陕西省咸阳市），打败了义渠国（今宁夏固原）等北方一带的戎人，活捉了义渠君主，自此声威大震，地盘扩大了好几倍！

商王武乙末年，季历带了战利品前往商都朝拜武乙。武乙看到周侯在西部地区虽然势力强大，但仍臣服于商王朝，非常高兴，就赐给季历30里土地、10车美玉、8匹马。

我们知道，当时商王朝的疆域已经庞大到没有实力去管理和控制了，所以武乙要借助不断壮大的周方国的力量，帮他管控西部。随后，武乙又亲自派出将领，在周侯季历的协助下，终于平叛了西部地区闹了好多年的反叛方国，俘虏了旨方2000多人，又向东压服了东夷人，商王朝暂时恢复了稳定。不过，周方国从此也成了商朝无法拆除的一颗定时炸弹，令商王无可奈何。

等到武乙去世，其子文丁继位后，季历又率兵征服了山西长治地区一个叫余吾戎的戎狄部落。文丁闻报非常高兴，就加封季历为牧师，执掌商朝西部地区征伐事宜。季历于两年后征伐始呼戎，始呼戎败而降周。过了四年，季历再次打败翳徒戎，把三个翳徒戎大头目带到商朝，向文丁报捷。文丁封季历为伯侯。

商王文丁看到季历越来越厉害，出了一身冷汗，再任由他走下去，绝对会养虎为患。于是，文丁突然下令囚禁了季历，并以莫须有的罪名将其杀死在商都。这就是历史上著名的"文丁杀季历"。周人也因此和商王朝结下了血海深仇。

说真的，周人真是挺能忍的。季历的儿子——大名鼎鼎的西伯姬昌，接班之后，并没有马上和杀父仇人商王翻脸，而是昼夜磨牙，琢磨着报复商王朝。

文丁时代连连遭受自然灾害，王畿地区的洹水"一日三绝"，商朝的经济与国力日渐衰弱。虽然商王朝已然风雨飘摇，但文丁还是铸了商朝最大的鼎，也是世界最大的青铜器——后母戊大方鼎，献给他死去的母亲。

文丁死后，儿子帝乙继位。此时，商朝的国势已经趋于没落。帝乙二年，西边周方国的姬昌向东伐商，要给父亲报仇。同时，东夷中的人方也再次叛乱。

帝乙为了不至于东西受敌，就把自己的一个妹妹，生得美丽端庄，嫁给了姬昌，向周人致歉。《诗经》在描述这场隆重盛大的婚礼中，还创造了"天作之合"这个词。商王帝乙缓和了与周人的矛盾之后，通过三次征伐，平定了东夷的叛乱。

## 商纣王的酒池肉林

在武丁死后约120年，武丁的六世孙、武乙的四世孙、文丁的孙子、帝乙的儿子——帝辛在殷隆重继位了，时间是公元前1075年，已有500年历史的商朝走到了尾声。

帝辛，本名叫受，又叫受德，表示他要受天命或者受先代的美德，而周人则取"受"的谐音，称之为"纣""纣王""商纣王"。

纣王天生身手矫健，体魄俊美，据后来战国的荀子说，纣王长得"长巨姣美，天下之杰也；筋力超劲，百人之敌也。"就是说纣王个子高大，天下无双，100个人都打不过他。至于智商方面，司马迁说纣王"资辩捷疾，闻见甚敏"，就是反应极快，理解力极高，什么都懂，谁都说不过他。

作为一个文武双全的人，纣王的坏名声主要源自他苛刻的刑罚。

据《战国策》中的士人鲁仲连说，鬼方国君鬼侯有个漂亮女儿，于是将其献给了纣王。纣王却觉得她丑，大怒，就杀了她，同时把鬼侯也施以醢刑（hǎi xíng，剁成肉酱）。另一个国君鄂侯得知此事，极力替鬼侯分辩，结果遭到了脯刑（制成肉干）。

倘若这些事情是真的，那纣王是够残暴的。但其实，重刑杀一直是商王朝的传统特色，醢、脯这样的刑罚，并不是纣王的发明，更不是纣王的专利，后来的春秋时代（如宋桓公），乃至汉朝的刘邦，都用过这些酷刑。

说纣王为人残暴，要看他对待老百姓怎么样。一组数据很能说明问题：商王武丁在位期间，曾用人牲5418人；武丁死后的90年间，所用人牲的数量共计1950人；而纣王及其父亲帝乙在位的40年间，用人牲仅75人，明显少于前代。

另外，据《尚书》记载，纣王的庶兄微子启曾经抱怨说："那些有罪的人，都没有被纣王抓来法办。"太师听了，也抱怨说："现在民众甚至敢偷祭祀神祇的牺牲，偷回家去吃，结果也没有受到惩罚。"言下之意，是嫌纣王对民众中的违反法令者，无动于衷。法律松弛固然不好，但换一个角度来看，纣王并没有对民众使用苛法酷刑。像偷吃祭品，放到后代皇帝那里，都是扒皮的罪。

纣王即位第四年，意识到商王朝累代积弱，各地诸侯大有各自为政之势，按时进贡的诸侯逐渐减少，为了扭转这种局面，加强自己的权威，纣王就带着王军，召集天下诸侯，在黎国（今山西省长治市）搞了一个大集结。目的跟夏桀一样，通过武力炫耀来压服诸侯。

到了指定的相会之期，纣王率领全副武装的万余名王军，戈矛林立，戒备森严。战车上的重装武士（每车两名）手持3.5米长的大戟，挽弓搭箭，在两马驾辕、每轮18根辐条的木轱辘战车上，往来驱乘。君威严整，士气高昂。这些训练有素的武士把旁观的诸侯看得目瞪口呆。纣王趁机向诸侯们宣布了强化管理的决定，不允许脱离纣王的领导。在强大的武力威逼下，各诸侯只好同意照办。

这次大阅兵放在了西边，显然是为了对周方国进行弹压。但是，压倒了西边，东边又闹起来了，那帮曾经在武乙、文丁、帝乙时代多次叛乱的东夷各部，再次背叛了商朝。纣王不得不又东征东夷。

商王畿以南有一个小国——有苏国（在今河南省焦作市武陟县），不知犯了什么错误，纣王亲自带兵征讨。有苏国无力抗御，便从族人中选了一个叫妲己的美女献给纣王以求和。

妲己明眸皓齿，成熟妩媚，风姿绰约，是个美艳型美女。她被几个使者送到纣王的军前，纣王仔细端量着眼前的这位美女，只见她脚穿平头丝履，站在城下卓然不群，丝衣轻轻披在她柔软而光滑的肩头。在亡国之际面对惊心动魄的战车沙尘，她的态度依然从容高雅不可撼动。在一瞬间，纣王彻底被她迷住了。

妲己一看纣王，也属于俊帅型的美男，有着精致完美的五官，修长俊逸的身形，其高贵俊朗的气势，飘逸帅气的身姿，在举手投足间散发着贵族的气息。总之，你无法从他身上找到任何瑕疵。纣王的头上戴着王者的雀屏冠，冠形高耸，如孔雀开屏，上部张开宽幅近半米，用众多玉饰组合而成，好像一面太阳灶。两侧有装饰，垂在玉冠下面的耳际。纣王上身是交领的丝衣，丝绸锦绣是他的最爱，下身是商朝人常穿的"旗袍"（前后两片，两侧有缝），里面光着大腿，小腿上用皮革裹了（绑腿），脚上是革制高筒战靴，平底无跟，靴头上翘，穿之有练达英爽的气概。[1]

"过来，你叫什么名字？"

"禀告纣王，贱妾名叫妲己。"如同铃声一样清脆的声音，猛烈地拨动着纣王的心弦。与此同时，有苏国的使者们正偷偷地擦着脸上的汗珠，并且不约而同地长长出了一口气。

纣王命妲己走近。妲己个子虽然不高，但身段娇媚，顾盼间艳色四散，光华夺目，美得可以入画。妲己登堂，脱掉小袜，款款举趾，走上席子，侧跪下来，给纣王倒酒。纣王斜眼去看，妲己双唇颤动着无限的魅惑，性感的身段分外撩人，那一双大眼忽闪忽闪，和纣王的目光撞在了一起。纣王体会到了一种

---

[1] 这是根据出土的商代贵人服饰推测出来的。

难以言传的快乐，第一次真正地坠入了爱河。

随即，纣王接受有苏国的请和，带着妲己班师回朝。

不久，纣王下令在商都以南50多公里的朝歌（今河南省淇县）建造了观景用的鹿台，周长三里、高达千尺，站在上面可望云雨。在北面的沙丘（今河北省邢台市），纣王又扩建了一个很大的苑囿（yòu），饲养珍禽异兽。

纣王和妲己经常在一些好日子里，来到沙丘苑囿，大摆乐戏，进行狂欢。同时他还下令用酒装满池子，把各种动物的肉割成一大块一大块挂在树上，这就是所谓的"酒池肉林"，以便一边游玩，一边随意吃喝；更使男女裸体互相追逐游戏，狂歌滥饮。

从纣王沉迷美色、贪图享乐的排场上，也可看出商王朝积累了五百多年财富的殷实。

因为妲己不喜欢雅乐，嫌它们节拍缓慢、形式呆板，太沉闷，纣王就派乐师们四处搜集乡间小调，把它们加工成风格轻快、缠绵迷魂的"流行乐"。至少这是音乐史上的一次革新吧，再加上少男少女们新编的妖娆的"北里之舞"，那就更有吸引力了。

在月朗星稀的夜晚，鹿台外面清光如水，纣王和妲己互相依偎，欣赏着台上宫女们的曼声柔唱，感受着美人的飘摇舞姿，一种梦幻般的韵致，使他俩通宵达旦饮酒作乐，忘记身在何世。

六

西周：
氏族宗法的文明

## 文王姬昌：忍辱负重中崛起

周方国的远祖先人后稷，诞生得很神奇。

公元前2000多年，有一个姑娘叫姜嫄，为了求子，就找来一堆柴火，把牛啊羊啊放上去，然后点着柴火堆，牛羊肉的味道就飘到了空中。上帝闻到了，过来歆享。于是姜嫄就看见一个上帝留下的大脚印，便踩了上去，当即怀了孕。生下的孩子，就是后稷。

后稷喜欢种地，种麻、种豆什么的，搞得有模有样。麻分雌雄，雄的麻茎细，但剥的皮好，可以织衣服，比皮子材料便宜；雌的麻秆粗，剥的皮只能做麻绳，但雌麻产籽，可以煮了当饭吃。

后稷的子孙，可能先在山西省的闻喜县一带生活，后来迁徙去了陕西。到公亶父的时候，他带着族人迁到岐山，开始修建房屋宫室，在此安家立业，并且盖起了庄严的宗庙。

公亶父的儿子就是有名的、战功赫赫的季历。当时是商朝文丁在位，文丁目光如炬，看到季历对附近的戎狄作战，多有胜利，势力越来越大，就把他弄到都城杀了。季历的儿子姬昌，遂接班治理岐山脚下的周方国，直到纣王时代。

姬昌知道父亲是含冤而死的，但轻易不敢发作，因为作为商朝一个偏在西陲的方国——周方，这里的文明落后，比如考古研究发现，周方国的青铜器和文字都落后于商王朝，甚至根本就是空白。周方国的社会组织也偏于粗浅，表现在法制不完善，史书说周人"措刑而不用"，就是刑罚放置起来不用。

不过，穷并不可怕，穷则思变嘛！周方国虽然是个穷国、小国，但作为新的发展中国家，比商人有更强的进取精神和艰苦卓绝的毅力，不像600年商朝那样怠惰，乃至官吏耽于饮酒，周人则敢于不信天命，除旧布新。

在冷兵器时代，由于中国空间辽阔，战略纵深很远，商纣王就无法密切干预陕西黄土高原上的周方国了。我们说，方国处于商王朝的最外环，中间一环是诸侯（商王的亲戚们），最内是王畿地区。于是纣王就请了中环的一位诸侯——崇侯虎，作为自己的耳目，盯着外环的周方国。

崇侯虎在自己的封国崇国（今陕西省西安市鄠邑区）得到谍报，西边岐山下的姬昌正在大行仁义，自封为周文王，野心不小，想跟商纣王平起平坐。

周文王积累德行，收买人心，其表现形式就是让利于民。他把国家野生动物园和天然动植物园对外开放，随便人们进去打猎、砍树，占公家便宜，又免征市场交易税、道路关卡商品流动税，让商人们多赚钱；对于农夫，只征收百分之十的粮食；对于犯罪分子，也不连坐他们的妻子和缴没其家产；对于当官的，世代发给他们俸禄；而对于鳏寡孤独这四类无依无靠的穷人，周文王每次行仁义的时候，都先从他们开始。

史书还记载，在周文王的仁义感化下，周方国的老百姓都留出很宽的田塍（即田埂），互不侵犯。据说相邻的虞、芮二国之人为一块田地的归属问题产生了争执，跑来找周文王评理。他们一进周方国的地界，就看见这里的农夫们都互相谦让，对于有争议的地推来让去，谁也不肯要。虞、芮之人看了以后，大为惭愧，说："我们所争的，正是人家所耻的，咱就别去现眼了，快回去吧。"于是各自回本国去了。

不过，这些记载的真实性存疑，周文王如果真这么干的话，只会导致国家税收匮乏，养不起军队。实际上，周文王未必是执行让利于民而胜利的。《诗经》上说"济济多士，文王以宁"，说的是周文王尊贤礼士，贤才济济，所以国势强盛。可见周文王主要也靠招揽人才，其中就包括姜子牙。

《左传》上说："周文王有法令：'有亡，荒阅。'"就是对于逃亡者要进行大搜捕，不能不管不问。这条法令主要是针对脱离户籍而逃亡的人。人们如果脱离户籍逃亡，去别的国家，政府就少了税源，所以周文王禁止民众逃亡。这种禁止人们随便迁移的政策，有点类似秦国商鞅的"编户籍民"，严格管控民众，以便征军征税，走半军事化的路子。只有这样，国家才能迅速发展出强大的军事力量。

周方国作为一个资源财富极其有限的弹丸小国（东西长约70公里，南北宽约20公里，都在岐山脚下），一定是把征收上来的所有财富尽可能投入到军队建设，而不是广施财利于民。周文王应该是节省每一个从老百姓身上收取的贝壳（钱），去奉养超出那块土地所能承载的军队，这才差不多可以与商王朝的兵力匹敌。

## 兵败黎国，文王被杀：第一滴血的苦涩

周文王称王后的第二年就急不可待地发动了一系列军事进攻，首先进攻岐山地区以北的犬戎，次年向北70公里进攻甘肃灵台地区的密须国。这些战斗使得周文王解除了自己在西方、北方的后顾之忧。接着，他组织军事力量全力向东发展，长驱600公里进攻河南北部的于国（今河南省沁阳市），杀入了中原。

下一年，周文王从岐山大本营出发，组织了对陕西中部西安地区的崇侯虎的征伐，以求完全占据陕西的关中之地。

崇侯虎所在的崇国，是商王朝插在陕西腹心的一颗钉子。崇城的防御设施庞大而坚固。周人把盾牌拼在一起，举在头上，形成一个顶盖。在顶盖下，士兵们像团乌云一样向城门推进，头上响起无数石块、飞箭砸下来的声音。周人进攻了30天而崇城不降。

周文王命令周军暂停攻城，去建造大型攻城器械。然后集中兵力，修筑土山，从土山顶上用新造的长钩、云梯、临车、冲车等攻城器械（前三种是靠近城墙，从上方进行攻打，第四种是从底下破坏城门），一举攻克崇城，灭了崇国，崇侯虎战死。整个过程，显示了周人可怕的嗜战决心，被他们盯上的地

方，不整个端掉绝不收手。

灭掉崇国，拔掉了商王朝钉在关中地区的钉子，不久周文王再次向东远征，带兵600公里长驱进攻灭掉了山西省长治地区的黎国，此处距离东边的朝歌只有100多公里，构成对商朝都城的直接威胁。

商朝上下大为惊慌。纣王召集左、中、右三师常备军（约万余人），以及命令各国诸侯军，在黎城相会，争夺已被周文王占领的黎国。

一直未曾经历正规大战的周文王军，这次终于尝到了第一滴苦涩的血：纣王及其诸侯联军弓强矢劲，战法高明，人多势众，又是主场作战，把千里远道而来的疲敝的周军打得狼奔豕突，哭爹喊娘。双方打得天昏地暗，日月无光，大战几个回合后，周文王被俘，周军彻底溃散。

周军溃散以后，想越过千里的商朝领土逃回本国，实在不是那么容易。正要坠入全军覆灭的灭顶之灾，周人的军师姜子牙在东夷救了这些残兵败将一命。姜子牙虽然号称"军师"，但那是后来的事情，此时他的地位并不高，只是一名"间谍"，打入遥远的东夷地区从事策反工作，那里是他的老家，言语和习俗都熟悉，便于开展工作。

在姜子牙的策反下，东夷人抓漏子，趁着纣王主力西出与周军会战黎城，骚扰了王畿地区。纣王大军于是放弃彻底截杀周人，拐回头向东进发，讨伐反叛的东夷人。纣王打跑了东夷人，然后押着周文王班师回朝。

周文王被押解到王畿地区的汤阴县，关进羑里（商朝用来囚禁要犯的地方），最终被纣王所杀。

周文王的儿子姬发，也是太子，在岐山老家听说父亲被杀，立刻哭着接了班，就是周武王。在接下来的伐商战役中，周武王总是将父亲的木主（灵牌）带在战车上，借木主以激励战士。

## 姜子牙的跃迁：从一穷二白到周朝开国功臣

周武王心情抑郁地开始在陕西岐山主事的时候，辅佐他的是军师姜子牙和四弟周公旦，以及召公奭、毕公高这些族内好哥们儿。

姜子牙到周方国来的时候，年纪已经不小了，72岁。那以前他都干什么了呢？据《封神演义》说，他自32岁到72岁，一直在昆仑山"元始天尊"驾下当道士，不过当时还没有道教，于是72岁的时候他明白过来了，只好放弃当神仙的想法，下山了。

姜子牙来到纣王的朝歌，经人介绍与一个68岁的老处女相恋并结婚，然后从事贩卖工作。因为不了解市场行情，第一次贩卖笊篱失败，因为当时还没有发明饺子。第二次改卖面粉，再次失败，因为当时的麦子主要是粒食，即蒸麦粒吃，还不流行磨成面粉（那时还没有碾面的石磙子），姜子牙的面粉太前卫，老百姓不接受。

接着，姜子牙又从事屠宰工作——杀牛。按理说，牛是农夫的好助手，不许杀，但商朝时候牛还不会拉犁（那时候考古上也没发现有犁），所以牛不用作耕地，而被放到草坡上吃草玩儿。养牛和养猪在当时的目的一样，都是养大了杀了吃肉。

牛的浑身都是宝：除了牛肉可以用于吃和祭祀，牛骨头的利用率也很高，可以做梳子、簪子、针、筷子，还可以做士兵行军的衔枚，以及箭头，牛肩胛骨还可以占卜，写甲骨文。但是牛奶没利用上，商人不喝牛奶，大约是想跟胡人区分开吧，北方胡人才喝牛奶、马奶。

牛最后一个用处是牛皮，牛皮坚韧耐磨，可以做马的皮衔、拉车的皮带、车上的坐垫、战鼓的皮面，当然牛皮还可以吹——炼铜鼓风的皮囊也用牛皮；牛皮还是制造甲胄的原材料，商代的青铜兵器杀伤力有限，没有后代的铁兵器锋利，所以衣甲用牛皮就可以了——战国以后的士兵就惨了，穿着沉重的铠甲行军，容易长痱子。

牛的所有这些好处，都得把它杀了才能获取，于是姜子牙就做杀牛的生意。姜子牙杀了几天牛，突然纣王要祭祀求雨，禁止民间杀生，结果生意全没了。于是，姜子牙又盘了一个没生意的饭馆，依旧没生意，有的只是他老婆日益难看的脸色。姜子牙急了，利用自己的专长开了一家算命馆，给人算命看风水，也从事凶宅捉妖，并且参加了鹿台的施工建设。但是凶宅捉妖时他错误地判定妲己是妖精，因而被愤怒的纣王罢免了。他老婆急了，干脆也炒了他，主动提出离婚。

姜子牙被老婆炒了，在朝歌实在没发展，就拄着杖，背着行李向西，走了1000多里路，来到陕西渭水之滨磻溪（今陕西省宝鸡境内）。因为没有饭吃，饿了就在渭水河边钓鱼。

当时的周文王正有兵犯中原的想法，非常需要人才。周文王经常若有所思地在春风料峭的渭水河畔行走，看见姜子牙在那里垂钓，过去一攀谈，发现对方博学多闻，是个奇才，就招入麾下。

周文王派姜子牙返回朝歌，从事情报收集工作。因为姜子牙祖籍东夷一带，所以他又跑到东夷，怂恿东夷人去进攻商朝王畿，以配合周人从西边进攻商王朝。

可是周文王兵犯中原时在黎城失势，被纣王所杀。周武王即位后，打算第二次进攻中原。经历了无数挫折的姜子牙认为不可："黎城一战证明，我们目前是打不过纣王的。现在我们要静观其变，让纣王跟东夷'狗咬狗'多打上几次，互相消耗几年后，我们再起兵不迟。"

姜子牙接着说："我们的根据地（陕西）四周都是群山，又有黄河在东边围护，只要我们加强对这里的控制，就可以割据一方（后来的秦国、刘邦都是从这里建国起家，再辐射中原。这里确实是王业之基，占了地利的优势）。"

于是，周武王将根据地从陕西岐山移到了原崇国地区（西安附近），在这里建了镐京，作为新的都城，目的是离中原更近一点儿，便于进攻商都朝歌。

在接下来的年头里，周武王积蓄军力，蓄势待发。至于这一时期纣王为什么没有主动来打周武王，把周人剿灭在襁褓之中，那是纣王被东夷人牵制的缘故，毕竟东夷离王畿很近，势力又强大。

当初，盘庚从山东奄城向西迁都到殷城，导致商人对东方的控制力度削弱，于是，到了文丁和帝乙时代，东夷就开始"为害"。文丁曾经三次征伐东夷，帝乙也是三次东征东夷。

纣王在位期间，曾经于在位的第10年、第15年、第20年，三次征伐东夷。甲骨文卜辞中细致记载了纣王进军东夷的路线，远至淮泗地区，所到之处还要进行田猎，以喂饱一支成千上万人的队伍。纣王的军队还得开荒除林，修桥铺路，可以想象当时行军之艰辛。

纣王十年之中组织的三次针对东夷的大规模进击，每次都是亲自率兵出征，为期都在一年上下，路途遥远，可谓倾全国物力。以当时生产力相当低下的境况，长期战争足以拖垮一个王朝，何况"商"与后世王朝相比，还不算真正意义的王朝，而只是一个盟主级别的大诸侯而已。

事实也确实如此，纣王虽然在东线对东夷作战取得了胜利，但国力已经严重衰竭，这就是后人所说的"纣克东夷，而殒其身"。周武王立刻抓住时机，撕掉脸上的笑面虎画皮，兴兵中原，一举灭之，而且灭得很轻松。

我们有理由相信，周军不过是压垮骆驼的最后一根稻草，商王朝的灭亡，四分之三的"功劳"在于东夷人的长期撕咬。这就好比大明朝的灭亡，是先被李闯王长年折腾，掏干了它的躯壳，才轻易亡于关外的清朝了。

纣王亡于周人之后，东夷人气鼓鼓地说："明明是我们斗垮了纣王，却被西边的老客先摘了桃子！"于是，东夷人与周人之间，随后又进行了三年角逐。最终，周人攥紧了中原大桃，建立起中国历史上的第三个王朝。

让我们回到"武王伐纣"的时刻。

公元前1047年，周武王召集追随自己的若干诸侯，载着父亲周文王的木主，率领军队向东伐纣。但是大军渡过黄河，进入山西、河南的西部夹角时，周武王却宣布伐纣时机尚未到，于是诸军轰隆隆地各自撤回了本国。周武王可能得到了可靠情报，比如飞廉、恶来父子①屯扎在西部，他觉得纣王还是不能讨伐的。

两年后，有消息传来，纣王杀死了宰相比干。比干是纣王的叔父，为人忠诚正直，他见纣王荒淫失政，暴虐无道，常常直言劝谏，结果气到了纣王，被杀死了。随后，商朝的两个乐师——太师和少师，抱着宫廷的乐器，向西逃奔到了周方国。两个人大约透露了商朝因为伐东夷而消耗颇大，发生了激烈的内乱，庶兄微子启分裂而去。于是，周武王觉得是时候了。

于是，公元前1075年冬天，周武王带着300辆战车、四五万战士，以及诸侯盟国军队若干，战车隆隆，踏着陕西黄土地上的烟尘，出发了。

周军选择了冒险突袭的策略，沿途避开亲商的各个诸侯，沿着黄河南岸，向东疾行四五百里后，渡黄河北上，再加快速度，朝食于戚，暮宿于百泉，半

---

① 伯益的后裔。据史料记载，飞廉善走，恶来有力，父子俩都是商朝的忠臣，为商朝战斗到死。

夜又起来行军，于黎明时刻抵达朝歌的南郊——牧野（今河南省淇县西南）。

突发而至的掩袭，确实震惊了朝歌军民。但纣王不是对西部没有警惕。他发出大军奔牧野迎战，具体人数不清。据甲骨文卜辞显示，商王朝一般出征方国，兵力不过万人，最多一次是妇好的1.3万人。作为王畿保卫战，人数固然会多些，但长年与东夷的消耗战，已经使得商军精锐纷纷战死，所余主力又被牵制在东夷地区，撤不回来，此时能够被组织起来仓促应战的多是朝歌内外临时征发的百姓，甚至还有东夷俘虏，人数绝对不会超过三万。

周军列阵完毕，周武王站在战车上，左手拿着黄铜大钺，右手挥着指挥用的白牛尾巴，对诸将士说道："各位友邦执事、各位诸侯首领，各位司徒、司马、司空、亚旅、师长、千夫长、百夫长，各位战车兵、徒兵、虎贲（bēn）兵，大家辛苦了！古话说，'牝（pìn）鸡无晨'，就是母鸡不应该打鸣！如果母鸡打鸣负责报晓，那这家人就要倾家荡产了。而今，商纣王听信妇人之言，对祖先祭祀不闻不问，不任用自己的同父弟兄，而收留四方逃来的罪人，任他们暴虐百姓。如今我要执行老天的惩罚，你们都要好好打，不然我就杀了你们！"

周武王并没有说纣王有多坏，而最多是用人不当，听信妇人和任用地位低贱的人。

纣王之军也随后赶到。鼓声随即响起。周军摆好阵势，姜子牙亲自率领若干百夫长和少量精锐士卒，突然猛冲商王军队，作为陷阵挑战，当即将商军冲破一个缺口，造成商军阵形波动。周武王趁机挥动全军全线压下。

这场战斗是难以想象、史无前例的残酷。商人拼死进行抵抗，周军攻击得歇斯底里，双方都以性命和血肉相搏，商军的死者到处都是，周人踏着他们的尸首像洪水一样涌上来。血水中漂起了战士的兵器杵——木棒子。

纣王没有出现在战斗现场，他也许知道这场战斗是胜不了的，他为自己的归宿做好了准备。恶来担任了战场指挥官，此人"力角犀兕，勇搏熊犀"，不过一番苦战之后，力战而死。

牧野之战大获全胜的周武王乘胜进攻朝歌。纣王不想让自己落到敌人手里，也没有逃跑去别的城邑，而是穿着珠玉连缀的礼服，自焚了。周武王赶来，用箭射了他三下，又拔剑刺了他三下，最后用一路举来的大钺砍下纣王烧煳了的脑袋，悬挂在大白旗下。一并被割下脑袋的还有妲己和纣王的一个妾（都已先行自杀），挂在小白旗下。

周武王的四弟周公旦则在旁边暗暗摇头。

## 被黑得很惨的商纣王

周武王的伐灭商王朝，并不是一种自下而上的政权颠覆，它更像努尔哈赤之入主中原，是国与国之间的战争。当然，这个国与国，带有宗主国与附属国的色彩，而不是完全对等。所以，灭商在当时人看来，是落后的小国周人灭了正统的商人。就像清兵灭了明朝，明朝人感情上很过不去，商朝人也是一样。

"我们有什么罪，你们要侵略我们！"

周人也一样不安，担心一觉醒来，商族残余势力与虎视眈眈的东夷人闹出翻天覆地的意外变化。于是，姜子牙就想杀光商人，他首先拿纣王的儿子武庚开刀。

周武王的四弟周公旦是个冷静睿智的人，对姜子牙的想法嗤之以鼻："我认为，想改变风雨飘摇的现状，必须加快推进理论工作建设。"

"什么意思？"

"诸位想过没有，煊赫四方的强大商王朝，骤然间被我们'小邦周'所颠覆，不只是商人惊恐，连我们自己也奇怪：那个被商王所礼敬膜拜的上帝哪去了？怎么关键时刻掉链子了呢？难道商人辛辛苦苦的祭祀都白费了？疑问之余，我们只能这样告诉商人——没有上帝。我们可以造出一个'天'来，取代他们的上帝！这样，颠覆了他们的国家还不算，我们更要推倒他们的精神支柱。"

于是周人创造性地首次明确了"天"的概念，天有自己的心思和选择，就是天命，能治理好国家的人（比如周武王），天就授予他天命。在周人看来，天命不是没有条件的，它只授予那些有"德"的尘世之王。商纣王之所以失去天命惠顾而亡国，就是因为他没"德"，而周武王名正言顺接过大统，就是因为他具有"德"。"天"的概念兼并了商人的"上帝"。从此，中国人开始提天，而不再奉承上帝。周王也从此获得了"天子"的专称。

商朝人的上帝是私有的，只爱商朝这一家人。但周公旦说的"天"是公有的，它不是专门只做某一族的保护神，天的选择（即天命）是可以转移的，谁有"德"就保护谁，就授予谁天命。周公旦强迫商人接受这个概念，等于打击了商人的自信心，把周人的入侵合法化。

这种以"天"和动态的"天命"为中心，以"德"为参照标准的难能可贵的理论体系，确实比从前商王朝单纯诚惶诚恐地依赖祖先之灵与上帝撑腰的"鬼治主义"迈进了一大步。它引进了"德"这个充满生命力的新概念，"德"无所不包，泛指各种好东西，它还不是今天说的狭义的"道德"。

既然纣王把"天命"输给了周人，那一定是商王在"德"方面极其失败，这就有必要拿出纣王失败的证据，才能说服商人认命。于是往纣王脸上"涂鸦"的运动开始了。周武王和周公旦等人在《尚书》各篇中，总计开列了纣王六条罪状：

第一是酗酒；

第二是不用贵戚旧臣；

第三是登用小人；

第四是听信妇言；

第五是信有命在天；

第六是不留心祭祀。

这些罪条虽然属实，但并不算过失，有的甚至用现代的价值观判断，富于进步意义。比如第二条、第三条就很有代表性。注意，这里的"小人"不是现代意义上的相对"君子"而言的那种道德观念上的小人，而是相对于"贵戚旧臣"（贵族和前任商王任用的旧臣的子嗣）来讲的出身低微的人，即没有显贵家族背景的人，说白了就是平民百姓。纣王打破血统论，不任用王族中的亲贵和从前商王的旧臣之子，而是提拔录用出身卑微之人，这在周武王看来是不能接受的过失，而今人的眼光看来，则属于进步的用人观：是"唯才是举"，打破了"用人唯亲"的血统论。

从前，商王武丁任用出身低微的傅说也是一种"登用小人"，不过，在当时的历史条件下，任用出身低微的人而不用亲戚，会遭到亲贵集团的蜂拥攻击，因为当时是贵族世袭政治，所以，武丁被迫采取托梦的曲折形式，来提出录用傅说。

同样，纣王为了挽救帝国的颓势，进行的这些必要的人事调整——录用"非贵族旧臣"的能人取代腐朽的权贵，也必然导致了以其庶兄微子启为首的亲贵和旧臣集团的疯狂反对。微子启甚至采取不合作的政策，带着自己的人怒而走掉，极大地破坏了商王朝的国运。

纣王的人事改革，当时的人（包括他的敌人）都不能接受。就这么一点儿人事变革，都是那么的难啊！可见商王朝之积弊已久，问题之复杂，现实之难办。一个末代帝王又能做点儿什么呢？只有挣扎一番之后，等着去为他的王朝殉死罢了。

其实，也正是纣王任用的诸如飞廉、恶来这些出身低微的"小人"，帮助他三征东夷，并且与商王朝共生死，战斗到生命最后一息。而微子启、箕子这些自命不凡的王室贵胄们，反倒在周人取得政权以后，立刻投入周人的怀抱，可见纣王处罚他们，算是有先见之明。

至于说纣王"听信妇言"，其实是少见多怪。商朝女性活跃，在政坛上颇有作为，如前代武丁的妻子妇好就是一个女性从政的杰出例子。商王通过联姻的方式和各地强族或诸侯加强联络，所以他的姬妾作为强族的代言人，有一定的政治地位。周人对于商人给予妇女极高的政治参与权，很不满意。

而所谓"信有命在天""不留心祭祀"的罪状，这是小节，而且并不属实。从出土的卜辞上看，纣王时期的祀典体系比前代更为成熟完备。

总之，周武王给纣王定出的这六条大罪，只有第一条"酗酒"算是比较符合实情。但是商朝人好酒，喜欢以酒佐餐、聚众豪饮，是尽人皆知的事情，而且不仅仅是在纣王时候才有。从出土物来看，商朝后期的饮酒器明显激增，表示社会饮酒之风蔚然。

商代后期饮酒成风，成为严重的社会问题，原因是广泛而复杂的。不论是推动还是制止，纣王想做移风易俗的变革，都不是那么容易的。这一问题的解决需要从社会根本机理与矛盾的梳理出发，而对于一即位就忙于应付东西外敌、内焦外困的纣王来说，是无法实现的。

其实，周人对纣王的指责并不厉害，只是上述六条的就事论事而已，还不涉及纣王人身，没有"焚炙忠良""滥杀无辜""嗜血成性"。总之，周人没有把纣王与"暴虐荒淫"四字挂上钩。

真正把纣王的脸涂黑的，还不是他的敌人周人，而是后世的史学家们。这些人喜欢走极端，举出极好的好人（他们捧起来的圣人），以及极坏的坏人（他们造出来的坏人），作为正反例子，来说明自己的论点，以使其理论生动丰满。

于是，尧、舜、大禹、周文王、周武王等都被包装成了极好极好的完人、圣人。而夏桀、商纣王，因为是失败者，就成了极坏极坏的坏人，与"暴虐荒淫"四字挂上了钩。也是，他们是亡国之君，不挤对他们挤对谁呢？

其实，世上哪有百分之百好透了的好人和坏透了的坏人呢？

## 周公旦东征：艰难处境中的抉择和行动

早春温暖的阳光终于灿烂起来了，不知名的小花开满了原野，亡国之后的商人等待着命运的安排。而在这个初春里，商朝遭受了一场灾难，森林、野兽乃至民众，已经被周军屠毁了不少。

为了收买民心，安抚商朝遗民，展示自己的宽柔仁义，巩固自己的政权，周武王命大部分商人待在以朝歌为中心的原商朝王畿地区，改称"殷人"，接受商纣王之子武庚的领导。周武王终究对武庚不放心，害怕他起事作乱，于是派了弟弟管叔、蔡叔、霍叔在朝歌附近建立卫、鄘、邶三国，以监视武庚，史称"三监"。周武王把商朝王畿地区划分成四块，三监各占一处，监视着武庚的商人那一块。

周武王安排完商人的事，就带着各种战利品返回了陕西镐京，他觉得富贵了还是应该还乡才对，同行的还有商朝的能工巧匠。关中是商人经营了上千年的大本营，土地和中原一样肥沃，所以周武王回来后仍以关中为直接控制区。而中原，则委任周、商联合的"三监"来管理。这更说明，商周时代的天下格局，确实还不算现代意义的统一国家。

第二年，周武王就驾崩了，留下一个并不稳定的江山。接班的周成王是个13岁的小孩，毕竟年纪太小，能力有限，根本震慑不住"商朝余孽"和"东夷蛮方"，特别是纣王的猛将飞廉还带着残余部队在山东地区兜圈子呢。于是，人们请他的四叔（周武王的四弟）周公旦辅政。

前文说过，周公旦曾提出"天命"和"德"的概念，以天代替了商人的上帝，并被后世所沿用。"周公"是他的官职，他的名是"旦"，当时习惯把官职和名连称，所以叫周公旦，或者简称周公。

周公旦待在陕西镐京，以王者自居，周人的事都是他说了算。这时候，留在中原的"三监"在商朝王畿地区闹起了独立。他们发动叛乱，嚷嚷着周公旦要篡夺王位，并勾结纣王的儿子武庚，还联合东夷部族，一起反周。武庚高兴得不得了，赶紧带上自己的商朝遗民，与"三监"、东夷人联手，几方势力联合发兵欲诛杀周公旦。

天下汹汹，变乱四起，刚刚立国的大周朝陷入了风雨飘摇之中。

这等于周王室的贵族叛乱，所以周公旦下面的大臣都有所畏惧，不愿意再出兵中原。如果是这样的话，那武王伐纣的成绩就付诸东流了，周王朝又会回到西边的小邦地位。

周公旦奉周成王之命，作《大诰》进行战前动员，硬是压制住了反对声音，亲自带兵，再次东征商朝王畿。这场战斗打得有多凶狠，我们不知道，只知道武庚被斩首，管叔被捉住杀头，蔡叔遭到流放。三监之乱，就这样平定下来了。

经过周公旦这一次东征，商人的士气和实力遭到再次打击，陕西大本营对中原的控制力度相对加强。

接下来，周公旦又带领诸侯联军收拾东夷族。周公旦开始东征东夷。这场战斗持续了三年，战争规模远比平定"三监"更大，东夷诸国卷入其中。

周公旦采取先弱后强的策略，在东夷地区驰骋三年，陆续灭掉17个东夷小国之后，最终围攻东夷中的最强国——奄国，这里曾经是商朝的都城，盘庚当初就是从这里迁徙离开的。因为奄国不再是商的国都了，变成了商的一个附从诸侯，里边是东夷人。纣王遗留的猛将飞廉在抵抗周军失利后，也退守驻扎在奄城。

奄城人抵抗周军格外猛烈，但是随着东夷诸国依次被灭，奄国成了孤城，最终经过一番苦战，还是被周军攻破。周公旦在攻破这个反周最厉害的国家之后，搞了个"践奄"的大屠杀活动，具体内容就是"杀其身，执其家，潴其宫"，把男人都杀了，把家属都抓了，把宫室用水淹掉。古文的"宫"不仅仅指宫殿，一般的房子也可以叫宫。基本上就是屠城的意思。

随后是迁徙移民，奄国的很多东夷人被迫背井离乡，被驱赶去了南边的淮河下游流域，江苏省北部地区，东夷因此后来也改称淮夷。而奄国则改名叫鲁国，封给了周公旦的儿子伯鲁，成为周的一个诸侯国。

飞廉带着商王朝的残余部队，与东夷族并肩战斗，跟周公旦统帅的周军进行了长期鏖战，其间互有胜负。之后奄城陷落，飞廉突围而出，被一直追到了海边，山穷水尽。飞廉在祭祀了纣王在天之灵之后，拔刀自杀。

还有很多东夷国家，在周公旦东征时被灭掉，人口也向南方转移。飞廉家族的嬴姓族人则迁移到陕西省，飞廉的孙子还得到周成王的宠爱，被周王室任用，他的儿子叫造父，给周穆王当了驾车大夫，驾车技术一流，于是被赐给赵邑，因邑名而得到赵氏的新姓氏。这就是嬴姓的赵氏，发展成了赵国的祖先。一个姓是可以分出好多氏的。飞廉之子恶来的子孙也被迁徙去了陕西西部，用以抵御西戎，但是发展得慢些，到五世孙非子，因善于养马，得到周孝王的赏识，获封秦邑，其族人以此为氏，称秦氏。这就是嬴姓的秦氏，发展成了秦国的祖先。

　　周公旦东征堪称一场前所未有的胜利，周人的政治、军事势力，深入到了东夷之地——这是武王伐纣没有做到的事情。人民从此不受战乱之苦，天下安宁了40多年，可谓"盛世"。

# 说《周礼》：周王朝的操作系统

周公旦反思了三监叛乱的原因，实在是周人的政治经济中心偏在陕西，对中原地区鞭长莫及。于是周公旦在东征东夷回来后，就打算在天下中央的洛阳地区修建一座新城，作为陕西大本营镐京的陪都，这样，对中原地区的商人和东夷人，更便于直接控制。同时，接受四方诸侯纳贡，也方便一些。

谁来营建这座新城呢？周公旦想起了商朝遗民，也就是原商朝王畿地区的商人。这些人目前很倒霉，他们在跟着"三监"和武庚反周叛乱失败后被贬称为"顽民"。而相较之下，与周人友好的商朝诸侯之民则被称为"友民"。

周公旦命这些顽民离开朝歌，在各自所隶属的大小贵族们的带领下，向西南翻山越岭100多公里，跑到洛阳地区，开始修城。这时候的洛阳地区，还是远山包围的一片河畔荒地，商人中的技术人员搞了两天勘测设计，画出规划图，报给周公旦。在得到批准后，顽民们在各自宗主长的指挥下，开始挖沟搬土夯造修城了。

一年后，新城耸立起来了，因为在洛水边，就起名叫"洛邑"，位置就在今天洛阳城外的白马寺一带。

在新城落成典礼上，周公旦对大小顽民的宗族头目们训话一番，宣布不给商朝人官做，又是吓唬又是安抚："现在我不杀你们，造这个大都邑，是为了四方来宾有地方接待，也是为了让你们能在这里服务，为我们奔走，做我们的臣役，多多接受我们的教训。你们曾问'从前夏朝亡国，很多夏人被召选到商的朝廷，当了官，为什么不能这样对我们'，我是以'德'作为标准的，我会在你们中间找，但现在找不到合乎标准的，我也只能哀怜你们了（没官可做）。这不能怪我，这都是天命！"等于是用他最擅长的无所不包的"德"字来搪塞这些人提的要求，谁让你们缺"德"的，没有官做！

这帮商人中的精英，断了当官的路子，此后只有种田和牵着牛车远行经商两条出路了。后代的商人叫"商人"，大约就是因为商朝的正宗遗民们干经商这行的多。数百年后，洛阳这里的人还是不好仕宦，而喜欢经商，或许就是因为周公旦断了他们的官路所促成的。

商朝顽民就住在洛邑东北郊（也许是城内东北角），居住区的名字叫"商里"，"里"是带围墙的小区。分给了他们土地——总得让他们活吧。另外，周人在洛邑驻有八个师的军队，后来还一度以这些军队南征江汉流域的蛮夷，这么多军人要吃要穿，自然需要这些顽民开荒种地，供给大军。

陕西镐京和中原洛邑，各驻扎有六个师和八个师的常备军，合计四万多人，这也是周王朝能养得起的所有常备军。

洛邑建成后，周公旦就常驻这里处理政事，而陕西那边慢慢就成了周成王当家做主。

周公旦在洛邑的主要工作成就，就是制定了《周礼》，规定了贵人们起坐卧行、吃饭上朝、哭丧穿衣的礼仪等级标准，通过在朝聘、宴饮、祭祀、婚嫁、丧葬、相见等重要场合上，让不同的人执等级不同的道具，行上下有别的举止，从而形成内部的等级秩序，使得人们各安其位，从而获得贵族阶层的和谐。所以，"礼"不仅仅是讲礼貌的意思，其实是对大小贵族进行排序，让他们各安其位的一套治国之术。

《周礼》被后人封为"古制"，影响了中国几千年。在《周礼》中，有一段专门描述磕头的礼节，"一曰稽首，二曰顿首，三曰空首。"第一种磕法是稽首，就是跪下后，两手着地，拜头至地，停留一段时间，是最隆重的。第二种磕法是顿首，指引头至地，稍顿即起，停留时间短，是一种交际礼仪。第三种磕法是空首，即两手着地，引头至手而不触地。

臣拜君、子拜父、学生拜老师、新婚夫妇拜天地拜父母，都要行最隆重的稽首礼。平辈、同级之间，拜迎、拜送、拜望、拜谒，就行轻一点儿的顿首礼。对于位卑者的稽首礼，尊者就以最轻的空首礼答拜。

大周朝不光磕头有礼数，连走路都有章法：从尊贵者或长辈面前经过要"趋"，就是急走、小跑，而不能平稳地迈着方步过去。比如，尊贵者在堂上，你往堂上来，或者在院子里走过，就必须趋。在登堂的时候，从东边上要先迈右脚，从西阶上要先迈左脚，每登一级还要稍微停留，让两脚都在同一阶后再登。登堂以后，由于空间比较狭小，所以就不必趋。虽然不用趋，但也不要迈大步，而是要"接武"。"武"指足迹，"接武"就是后一步要踩在前一步的足迹之半的地方。如果手里拿着贵重的礼玉，那无论在堂上还是在堂下庭院，都不必趋，因为怕跌倒摔坏了玉。

就座的程序也很麻烦，首先选择席子（因为没有椅子）。按照规定，天子跪坐的席子五重，诸侯之席三重，大夫之席两重。席的花纹也有差别，孔子的学生曾子，死前发现躺的席子花纹超过了他的身价级别，就嚷嚷着爬起来，要换成低级别的，结果刚换完席子就去世了。席子在屋内的摆放位置也有尊卑的差别。不同级别的人席位不同，离门的远近、是东是西都蕴含着等级秩序，其中朝南最是尊贵。

臣子不能和君主同坐一席。当然，男人和女人也得分开。入席的时候，应该从席子的后面上去。坐下以后，膝盖离席子边沿保留一尺间隙，以表示谦恭。若是在读书和进食时，则不要保留间隙，要尽量往席子前沿坐，以免看不清书或将食物落在席上。坐席子的姿势也有讲究，不能叉开胳膊肘，以免妨碍同席的并坐之人，两腿要采取跪坐的姿势。

下面是吃饭时的礼仪。天子招待诸侯国君或大夫们吃饭用九鼎，诸侯招待来客用七鼎，卿大夫用五鼎，士则用三鼎。士以下就不是贵族了。不同的鼎中盛放不同的肉，这些肉还要由仆人分好放在餐具里，实行分餐制。吃肉时，还要搭配调料、蔬菜等，这些都要放在餐具里，一起放在进餐者的几案上。天子面前的案上，摆放的餐具至少要26个，其他级别递减。米饭则放在青铜簋里，天子用八簋、诸侯用六簋、卿大夫用四簋、士用二簋。

上述差异表明，"名位不同，礼亦异数"。至于不同级别的人祭祀可以用多少人数的舞蹈表演，门口能不能种大树，柱子可不可以涂上漆，等等，都是《周礼》规范的范畴。

所谓"礼不下庶人"，以上这些，庶人就不用为此操心了。对于庶人，用刑就行了。

试想，一个精通了这些繁文缛节的贵族，还会想着跟别的大小贵族争锋打架乃至对国君造反吗？礼仪的神奇之处就在这里，它可以通过约束人的日常行为模式而改变其心性，最终维护大周朝所追求的等级秩序，君主的权威和贵族集团与社会的稳定就有了。

有了礼，还要有乐。不管是祭礼、聘礼、飨食礼，都要配着乐。当时"乐"的含义比较广，不光是乐队演奏的叮叮当当的音乐，还有相应的讴歌和舞蹈表演。周公旦编排了《大武》这一大型历史歌舞剧，分为六幕，以歌唱和舞蹈的形式，再现了周武王出征伐纣，砍下纣王脑袋，以及周公旦平定三监的全部场景，起到了良好的教育贵族子弟的作用。

周公旦平定三监叛乱、远征东夷，用武力取得对天下的控制，又制礼作乐，用礼乐来稳定周人与非周人中各级权贵的秩序，先武后文，实在是很高明。

## 说"封建"：成也分封，败也分封

从技术角度看当时的中国，通信、交通都不便利，周朝的人口又少，于是周天子只能借助分封制来管理庞大的国土，即实行"封土建国"政策。周天子把弟兄们、功臣们，各自封出去承包一块土地和人口，成为诸侯国。

周人是迅速取得灭商胜利的，对庞大的商王朝国土有些力不从心。靠自己的力量不足以控制天下，于是扶植亲戚、亲信就是最可靠的了。被封的亲戚或亲信都是带着亲族和附从家族的人去的，凭着这个势力，加上后方大本营的周人远远撑腰，就可以控制住所封的地面。

在"封土建国"的时候，还要搞个仪式：建一个大"社"，在社的空场上堆放五堆土——东面是青土，南面是赤土，西边是白土，北边是骊土，中央是黄土，王室亲戚、战斗功臣都聚集到这里，将被分配到哪个方向去，就从哪个方向的土堆里抓取一把土，与中央的黄土混合在一起，再裹以白茅，送给他，作为分封的信物，这就是所谓的"裂土分封"吧。

诸侯领了土，来到自己的封地里，也建同样的"社"，定期祭祀社神，也就是土地神。祭祀用的牛肉干都是从周天子的社里取来的。诸侯军队出征前，也要到社里领取牛肉干，回来后要往社里献俘。社这个东西，很快普及到基层，一般的城邑和村落都有。平时打官司在社前听讼，老百姓在节日里跑到社来喝酒，这个聚会叫作"社会"。

总之，社是个神圣而且热闹的地方，连老鼠也赶来凑热闹。但你不能放烟熏老鼠，因为一不小心失了火，把社点着了就完蛋了。所以"社鼠"指天子身边的大坏蛋、君王身边的幸臣，狐假虎威之辈，作恶多端又难以除掉。

还有一个建筑，往往与"社"挨着，叫作"稷祠"，是祭祀谷子神后稷的地方。"稷狐"指稷祠里藏的狐狸，你也不敢拿水灌它，它跟"社鼠"是哥们儿。总之，社、稷这两个建筑物，是国家的象征、政权的代名词。拆掉某诸侯国的社、稷，再拆掉其宗庙（里面有祖宗牌位），就表示这个国家被灭了。一般宗庙在王宫东面，社、稷都在王宫西面。

周初分封制的好处可谓立竿见影，被分封的亲贵们成了诸侯，都感恩戴德，给周王室帮忙，从而避免了东夷族的反弹，保住了周公旦东征的胜利果实。后来的周天子又有过几次东征、南征、北征、西征，诸侯也都就近派军从征。而征讨的结果，就是迫使周边蛮族国家屈服，并向周王室贡献方物。这样周王室得到实际利益，而又不需要花费精力去治理诸侯。当然，200年之后，开始造反，把大周天子架空的，也是这帮诸侯。

东部是离周王室直控的陕西本土最远的地方，经过周公旦东征，仍然残留了很多东夷之国。于是，功勋卓著的姜子牙被封到山东省北部的蒲姑国，该国已经被周公旦东征时灭掉，改名为齐国，定都于营丘（今山东省淄博市）。这里是原东夷族的地方，而姜子牙是东夷人，派他来这里，有点儿以夷制夷的意味儿。

周公旦被封到了山东西南部的曲阜，这里原本是东夷人的庵国，改名为鲁国。但他要留在镐京辅佐周成王，就让自己的儿子伯禽代为赴任。

伯禽比较教条，是个刻板的人，他生搬硬套父亲礼乐治国的方针。在伯禽的耐心引导下，鲁国人渐渐丢掉了东夷人的尚武好猎和桀骜不驯，天天研究磕头作揖，搞得思想统一，安定团结了，但也丧失了变革进取和竞争精神，后来的鲁国一直半死不活，总遭别的诸侯欺负。这里出了大圣人孔子，一点儿都不奇怪。

鲁国北边的齐国，却是另一番景致。姜子牙尊重和保留了东夷人的尚武精神，鼓励竞争，重用能人和有功之人，并强调，一定是能力强、在竞争中出类拔萃的人才可以重用为官。姜子牙还鼓励经商，开发渔盐资源，刺激器皿手工艺生产，引导齐国人发展商业，以补充农业的局限，国力蒸蒸日上。后来，齐国成为春秋五霸之一，还冒出来一个大能人管仲，也是必然的。

看来，什么样的土壤，就造就什么样的人才。

周武王的弟弟蔡叔，因"三监之乱"被流放，他的儿子则被周公旦封在了河南上蔡，是为蔡国，用以向东防御淮河下游地区的东夷人。周武王的族弟召公奭，也参加了周公旦的东征，灭掉六个诸侯，他的儿子被封到北京房山一带，是为燕国——周围都是戎狄。周成王的小弟弟叔虞，被封在山西翼城，是为晋国，用以抵御附近的各种戎狄——赤狄、白狄等。此外，其他方向也封了很多诸侯。

看得出来，一个个诸侯，就是一个个军事据点，防商人的同时更防各地无处不在的蛮夷。周天子要的就是这个效果。

大周天子分封出去的诸侯，散在那些原生态的诸侯之间。所谓原生态的诸侯，就是各地原有的部族，也逐渐演化成为各路诸侯。他们对大周的态度，有好有坏，比如南方的三苗，就很不买账。但是，周天子分封的诸侯们在汉水沿岸形成一道屏障，挡住了三苗有可能向周发起的进攻。并且，对于这些不是一条心的诸侯，周天子也多次举兵征讨（像从前的商王武丁一样），后来的周昭王就死在了出征的路上。

比起原生态的诸侯，周天子分封的诸侯毕竟是少数，但是他们的优势在于团结起来有力量，而原生态的诸侯之间却并不团结。所以，周天子想打人的时候，各诸侯国一起随王军出征，往往很见效。平时，这些分封的诸侯自己养活自己，不给周天子增加负担，他们承认周天子这个"共主"，标志就是定期派大夫到镐京进贡纳宝。

总之，分封制拱卫了大周，又给地方以政治经济发展的自由模式，容许了多民族文化百花齐放，在此基础上才慢慢融汇出伟大的汉文化。这是分封制的好处。当然，坏处也非常明显——被分封的诸侯会变心，等他们强大起来后，便开始凌驾于周天子之上了。

# 烽火戏诸侯：褒姒一笑西周灭

大周朝的天子，多数得到善终。除了周成王的孙子周昭王，死在南征江汉流域的归程上，全军覆没，六师尽丧，据说是被淹死的。

周昭王的儿子周穆王，不关注开拓疆土，却沉迷于旅行。这个大旅行家，曾开启了一场轰轰烈烈的西行之旅：从洛邑出发，最后到达帕米尔地区，即所谓的西王母之邦。周穆王还跟西王母讨了一件稀罕玩意儿——"夜光杯"：对月映照，色晕皎白，光明四方，是祁连山羊脂白玉雕琢的。

游行无度的周穆王当了55年的开心天子之后，周朝变得更加潇洒，以文治为特色，像孔子所谓"郁郁乎文哉"，国家弄得色彩斑斓，礼仪彰美。如果你在那时候当官，一定很好混，会表演礼仪，再有个好出身，就能享受一生了。

老百姓就这样在大周朝的滋养下过着好日子，但到了周朝建立200多年的时候，开始变得不像话了。此时执政的是周厉王，他为中国文化创造了两个知名成语，一个是"道路以目"，一个是"防民之口，甚于防川"，就是禁闭言论自由。当然，他还间接创造了"不可救药"，这是他的大臣们讽刺他的话。

这个无道昏君周厉王宣布，天下山林川泽都归他个人，谁都不许随便打鱼捕猎。这样一来，肉一下子就少了，牛又不会耕地，国人①的眼睛饿得发蓝，于是发生了城市暴动。国人一起造反，打入王宫，把周厉王打跑到彘地（今山西省霍州市），还差点杀了太子静。太子静躲避到大臣家中，才得以幸免于难。

周厉王最终死在流亡的彘地，留在镐京的太子静继位，是为周宣王。

周宣王给历史带来了一段"宣王中兴"，周朝的经济有所复苏。但好景不长，不过数十年，爱江山更爱美人的周幽王继位了。

周幽王非常宠爱自己的妃子褒姒（bāo sì）。褒姒是个美女，但不爱笑。周幽王想了各种办法逗她笑，她就是不笑。在奸臣虢石父的提议下，昏庸的周幽王打起了烽火台的主意。

周朝的都城镐京离犬戎比较近，周幽王就在镐京附近的骊山（今陕西临潼东南）一带修筑了20多座烽火台，并跟诸侯们约定好：一旦犬戎进袭，就立刻点燃烽火，各地诸侯看到后必须率军赶来援救。

于是，周幽王故意派人点起烽火，诸侯们赶紧带着兵跑来了，一看却没有犬戎兵，各个觉得莫名其妙。果然，褒姒看到这些狼狈不堪又惊愕万分的将士，忍不住掩嘴一笑。周幽王终于看见了褒姒的笑，高兴得不得了。之后，不管有事没事，周幽王常命人点燃烽火，好把诸侯们召来，逗褒姒笑。这就是令人啼笑皆非的"周幽王烽火戏诸侯"的闹剧。

为进一步讨褒姒的欢心，周幽王竟然废黜王后申后和太子姬宜臼，而立褒姒为王后，褒姒的儿子姬伯服为太子。

姬宜臼也不是个善主，他跑到西边投奔申后的父亲申侯。申侯是申国的国君，只是一介诸侯，实力比不上周幽王，只好拉外援。

---

① 国人，是对居住于国都镐京的人的通称，这里专指工商业者，比如开店铺的、唱小曲儿的、收垃圾的，以及金匠、锁匠、漆匠等。

公元前771年，申侯叫来犬戎人帮忙，联合缯国，一起攻打周幽王。周幽王正跟申军交战，犬戎从侧面杀出，周幽王大败，被杀。

犬戎兵可劲儿蹂躏着大周朝的镐京，抢光了周王室数百年积累的货物宝器，又放了把大火，把犯罪现场烧为了平地。

等犬戎兵裹着狼烟散去，姬宜臼回到镐京，在外公申侯的张罗下，继立为周平王。

由于犬戎祸乱，镐京残破，周平王也担心犬戎兵再跑回来打，所以不敢在西边待了。他带着自己直辖的周人，向东迁都到河南洛邑，在中原另起炉灶，从而开启了大周朝的"东周时代"。

因为陕西镐京才是大本营，东迁以后的周天子在中原成了外来户，元气一直没有恢复，也控制不了诸侯了。诸侯们开始相互兼并，揪头发打架，大周朝陷入了春秋战国的纷争之中，曾经貌似平静的中原大地也彻底不平静了。